2015年度国家哲学社会科学基金项目优秀结题成果

何莲珍
孙悠夏 | 著

VALIDATING THE INTEGRATED WRITING TASK:
INVESTIGATING THE PROMPT EFFECT

基于提示特征影响的综合写作测试效度研究

外语教学与研究出版社
FOREIGN LANGUAGE TEACHING AND RESEARCH PRESS
北京 BEIJING

图书在版编目（CIP）数据

基于提示特征影响的综合写作测试效度研究 / 何莲珍，孙悠夏著. —— 北京：外语教学与研究出版社，2022.3
ISBN 978-7-5213-3447-0

Ⅰ. ①基… Ⅱ. ①何… ②孙… Ⅲ. ①英语水平考试 - 写作 - 评分 Ⅳ. ①H319.36

中国版本图书馆 CIP 数据核字（2022）第 051428 号

出 版 人　王　芳
责任编辑　李婉婧
责任校对　闫　璟
封面设计　郭　莹
出版发行　外语教学与研究出版社
社　　址　北京市西三环北路 19 号（100089）
网　　址　http://www.fltrp.com
印　　刷　北京九州迅驰传媒文化有限公司
开　　本　650×980　1/16
印　　张　14
版　　次　2022 年 4 月第 1 版　2022 年 4 月第 1 次印刷
书　　号　ISBN 978-7-5213-3447-0
定　　价　62.90 元

购书咨询：(010) 88819926　电子邮箱：club@fltrp.com
外研书店：https://waiyants.tmall.com
凡印刷、装订质量问题，请联系我社印制部
联系电话：(010) 61207896　电子邮箱：zhijian@fltrp.com
凡侵权、盗版书籍线索，请联系我社法律事务部
举报电话：(010) 88817519　电子邮箱：banquan@fltrp.com
物料号：334470001

前　言

　　无论是在日常交际语境还是学术交流语境中，单一语言技能的使用往往难以实现交际目的，多技能的综合运用既具真实性，又有利于提升交际的有效性。在语言测试的重点从单技能测试转向语言运用测试的进程中，综合写作任务因其所具有的真实性与公平性等优势，日渐成为二语写作测试的发展趋势，在国外的托福考试和培生学术英语考试、国内的高考英语等考试中得到成功应用。

　　综合写作是一种读写结合、听写结合、或读听写结合的写作形式。较之于传统的独立写作任务，综合写作任务提供了有意义的语言素材，即写作提示，其形式一般为听力提示、阅读提示或两者兼有。综合写作测试有两个突出的优点：其一，综合写作任务要求考生在理解所读所听内容的基础上进行概述和/或阐发，既测接受性技能，又测产出性技能，测试任务更接近日常交际语境或学术交流语境中的实际语言应用，有利于提高测试的真实性；其二，综合写作任务为所有考生提供同样的语言素材，弱化考生背景知识对语言运用的影响，控制构念无关因素，有利于提高测试的公平性。然而，有关综合写作测试的理论研究依然匮乏。综合写作测试的构念是什么、效度如何、任务特征（如任务提示）是否以及如何影响综合写作测试的效度等关键问题有待破解。

　　本研究运用 Bachman 和 Palmer 的"评估使用论证"框架，从评分与分数解释环节入手，对大规模考试中常用的综合写作任务，即议论文写作任务进行效度验证，并聚焦提示特征对综合写作任务效度的影响，从提示固有特征、考生认知、评分员认知等三个维度考查提示特征对考生综合写作表现和评分员评分决策的影响。研究为"评估使用论证"框架在具体测试任务效度验证中的解释力及应用方法提供了有价值的借鉴。同时，研究将考生及评分员的心理认知过程研究与基于自然语言处理的文本分析相结合，突破表层文本特征，更全面深入地揭示提示对测试效度的影响，拓宽了综合写作测试研究的广度和深度。研究对综合写作测试的任务设计亦有一定的指导意义。

作为2015年度国家社科基金项目的重要研究成果，以专著的形式问世，旨在构建一个与同道者交流的渠道，更希望同道者从更广泛的领域、更多维的视角对包括综合写作测试在内的语言测试进行全方位、有深度的研究，提高语言测试的真实性、公平性，进而提高教育评价的总体质量，为构建中国特色的教育评价体系携手同行。

本项目研究得到了来自安徽、北京、福建、广东、河北、吉林、江苏、辽宁、内蒙古、青海、山东、云南、浙江的35位老师和371位学生的大力支持，在此向他们表示衷心的感谢！

何莲珍

2022年3月8日于求是园

目 录

第一章　绪论 ··· 1

  1.1　研究背景 ··· 1

  1.2　研究目的 ··· 4

  1.3　研究问题 ··· 5

  1.4　小结 ··· 5

第二章　写作测试中的提示研究 ··· 7

  2.1　写作测试中的提示固有特征研究 ······································ 7

    2.1.1　提示固有特征与写作得分 ······································· 9

    2.1.2　提示固有特征与文本特征 ······································ 12

  2.2　写作测试中提示与考生的交互研究 ·································· 15

  2.3　写作测试中提示与评分员的交互研究 ······························· 19

  2.4　小结 ·· 22

第三章　写作测试的效度验证框架与方法 ································· 25

  3.1　效度的概念 ··· 25

  3.2　效度验证框架 ·· 28

  3.3　综合写作测试的构念 ··· 40

  3.4　综合写作测试的效度验证框架 ····································· 42

  3.5　效度验证方法 ·· 44

    3.5.1　Coh-Metrix 文本分析工具 ····································· 45

3.5.2　多层线性模型 ·· 49
　3.5.3　结构方程模型 ·· 53
　3.5.4　多层面 Rasch 模型 ·· 56
3.6　小结 ·· 59

第四章　研究设计 ·· 61

4.1　综合写作任务简介 ·· 61
4.2　数据收集 ·· 62
　4.2.1　提示、作文、参赛学生与评分员数据 ················· 62
　4.2.2　认知维度的提示特征测量 ································· 66
4.3　研究变量 ·· 67
　4.3.1　提示固有特征 ·· 67
　4.3.2　基于考生认知的提示特征 ································· 68
　4.3.3　基于评分员认知的提示特征与评分标准 ·············· 69
　4.3.4　综合写作表现 ·· 70
　4.3.5　语言水平 ·· 71
　4.3.6　评分行为 ·· 71
4.4　数据分析 ·· 72
4.5　小结 ·· 74

第五章　综合写作测试的效度验证：提示固有特征维度 ········· 75

5.1　提示固有特征 ··· 75
5.2　提示固有特征对综合写作表现的影响估算 ···················· 76
　5.2.1　提示话题域与文本特征 ···································· 76
　5.2.2　提示任务说明与文本特征 ································· 81
5.3　提示固有特征对综合写作表现的影响 ··························· 83
　5.3.1　提示话题域对文本特征的影响 ··························· 83
　5.3.2　提示任务说明对文本特征的影响 ························ 89
5.4　基于"评估使用论证"框架的讨论 ······························ 92

5.5 小结 ·· 95

第六章 综合写作测试的效度验证：考生认知维度·············· 97

6.1 基于考生认知的提示特征 ······························ 97
6.2 基于考生认知的提示特征对综合写作表现的影响估算 ··· 100
  6.2.1 基于多层线性模型的提示认知影响估算 ············ 100
  6.2.2 基于结构方程模型的提示认知影响估算 ············ 109
6.3 基于考生认知的提示特征对综合写作表现的影响 ········114
  6.3.1 基于多层线性模型的提示影响 ···················· 114
  6.3.2 基于结构方程模型的提示影响 ···················· 116
6.4 基于"评估使用论证"框架的讨论 ······················ 118
6.5 小结 ··· 120

第七章 综合写作测试的效度验证：评分员认知维度············ 121

7.1 基于评分员认知的提示特征与评分标准 ················ 121
7.2 基于评分员认知的提示特征对综合写作评分的影响估算 122
  7.2.1 基于评分员严厉度的提示影响估算 ················ 122
  7.2.2 基于评分难易度的提示影响估算 ·················· 128
  7.2.3 基于评分员与考生偏差交互的提示影响估算 ········ 134
7.3 基于评分员认知的提示特征对综合写作评分的影响 ······ 139
  7.3.1 基于评分员严厉度的提示影响 ···················· 139
  7.3.2 基于评分难易度的提示影响 ······················ 141
  7.3.3 基于评分员与考生偏差交互的提示影响 ············ 143
7.4 基于"评估使用论证"框架的讨论 ······················ 145
7.5 小结 ··· 146

第八章 结语·· 149

8.1 研究的主要发现 ······································ 149
8.2 研究的理论价值与实践意义 ···························· 153

8.3 未来研究方向 ·· 155

参考文献 ·· 157

附录 ·· 187

 附录1 "外研社杯"全国英语写作大赛简介 ······················ 187
 附录2 综合写作评分标准 ··· 190
 附录3 综合写作任务样题 ··· 191
 附录4 考生问卷调查 ·· 193
 附录5 评分员问卷调查 ··· 197
 附录6 各地区评分员与考生显著偏差交互统计 ··················· 204

表目录

表 2.1　写作评估中写作任务的各个维度 …………………… 8
表 3.1　效度渐进矩阵 ………………………………………… 26
表 3.2　二语词汇能力测试中使用完形测试的理由分析 …… 28
表 3.3　测试公平性框架 ……………………………………… 30
表 3.4　以证据为中心的评估论证模型 ……………………… 35
表 4.1　"外研社杯"全国英语写作大赛省级复赛的综合
　　　　写作任务提示信息 ………………………………… 63
表 4.2　综合写作提示下作文的描述性统计 ………………… 64
表 4.3　参赛学生问卷的描述性统计 ………………………… 65
表 4.4　评分员问卷的描述性统计 …………………………… 65
表 4.5　考生问卷与评分员问卷的信度统计 ………………… 67
表 4.6　提示固有特征分类编码 ……………………………… 68
表 4.7　基于考生认知的提示特征描述 ……………………… 68
表 4.8　基于评分员认知的提示特征描述 …………………… 69
表 4.9　基于评分员认知的评分标准描述 …………………… 70
表 5.1　提示固有特征分类 …………………………………… 76
表 5.2　社会话题作文中与写作得分显著相关的文本特征指标 …… 77
表 5.3　教育话题作文中与写作得分显著相关的文本特征指标 …… 77
表 5.4　商业话题作文中与写作得分显著相关的文本特征指标 …… 78
表 5.5　个人话题作文中与写作得分显著相关的文本特征指标 …… 78
表 5.6　社会话题提示作文中具有写作得分预测力的文本
　　　　特征指标 ……………………………………………… 80

表 5.7	教育话题提示作文中具有写作得分预测力的文本特征指标	80
表 5.8	商业话题提示作文中具有写作得分预测力的文本特征指标	80
表 5.9	个人话题提示作文中具有写作得分预测力的文本特征指标	80
表 5.10	显性对立观点提示作文中与写作得分显著相关的文本特征指标	81
表 5.11	隐性对立观点提示作文中与写作得分显著相关的文本特征指标	82
表 5.12	显性对立观点提示作文中具有写作得分预测力的文本特征指标	83
表 5.13	隐性对立观点提示作文中具有写作得分预测力的文本特征指标	83
表 6.1	基于考生认知的提示特征的探索性因子分析结果	98
表 6.2	基于考生认知的提示特征的探索性因子分析结果：方差解释量	98
表 6.3	基于考生认知的提示特征的因子描述表	99
表 6.4	多层线性模型中各变量的描述性统计	101
表 6.5	综合写作得分零模型的统计结果	102
表 6.6	综合写作得分多层线性模型的统计结果	103
表 6.7	内容得分零模型的统计结果	104
表 6.8	内容得分多层线性模型的统计结果	104
表 6.9	结构得分零模型的统计结果	105
表 6.10	结构得分多层线性模型的统计结果	106
表 6.11	语言得分零模型的统计结果	107
表 6.12	语言得分多层线性模型的统计结果	107
表 6.13	多层线性模型中提示因子变量的描述性统计	108

表 6.14 综合写作得分多层线性模型的统计结果
（提示因子变量） ·················· 109
表 7.1 多层面 Rasch 模型下评分员严厉度的统计结果 ········· 122
表 7.2 评分员严厉度分组结果 ················ 125
表 7.3 二元逻辑回归分析的 Hosmer-Lemeshow 检验 ········ 126
表 7.4 评分员严厉度与其提示认知的二元逻辑回归分析结果 ··· 126
表 7.5 多层面 Rasch 模型下评分难易度的统计结果 ········· 128
表 7.6 评分员对评分标准重要性认知的统计结果 ········· 130
表 7.7 评分难度与评分标准认知的对比统计 ············ 132
表 7.8 基于评分员认知的提示特征与评分难度的对比统计 ····· 133
表 7.9 多层面 Rasch 模型下评分员与考生的偏差交互模式 ····· 136

图目录

图 3.1 效度验证的社会认知框架 ············· 29
图 3.2 解释性论证 ······················· 32
图 3.3 Toulmin 推断模型 ················· 33
图 3.4 托福考试效度论证模型 ·············· 34
图 3.5 以论据为中心的评估论证模型 ········· 36
图 3.6 "评估使用论证"框架的推理链 ········ 38
图 3.7 Toulmin 论证模型 ················· 39
图 3.8 "评估使用论证"框架的主张 ·········· 42
图 6.1 初始模型：考生对提示特征的认知与其综合写作表现之间的关系模型 ······················110
图 6.2 假设模型：考生对提示特征的认知与其综合写作表现之间的关系模型 ······················111
图 6.3 考生对提示特征的认知与其综合写作表现之间的关系模型 ····························112
图 6.4 考生对提示特征的认知与其综合写作表现之间的关系简图 ····························114

第一章
绪论

1.1 研究背景

从语言测试与评估的发展阶段来看,当前语言测试的研究重点已从离散性测试转向语言运用测试(Grabe & Kaplan, 1996; Hamp-Lyons, 2001),综合写作任务则是语言运用测试的一个典范,日渐成为当前二语写作测试的发展趋势。较之传统的独立写作任务,综合写作任务提供了有意义的语言背景(Lee & Anderson, 2007),即写作提示,其形式一般为听力提示、阅读提示或两者兼有,因而综合写作测试有如下两大优势:1)可提高测试真实性,即写作测试常涉及对所读所听内容的理解与阐释(Esmaeili, 2002; Weigle, 2004; Leki, Cumming & Silva, 2008),更符合现实生活中的听、读、写相结合的写作任务;2)可提高测试公平性,即写作提示中富含写作思路与语言素材,其作用类似于语言智库(Plakans & Gebril, 2012),提供均等的背景信息以供考生参考,弱化先验知识与单一片面内容的影响。国外许多大规模标准化测试项目已逐渐采用综合写作任务,如美国教育考试服务中心的新托福考试(TOEFL iBT)、培生教育集团的培生学术英语考试(PTE Academic)、加拿大学术英语水平考试(CAEL)、新西兰诊断性英语语言需求评估(DELNA)。在国内,综合写作任务在"外研社杯"全国英语写作大赛中得以成功应用。

纵观国内外二语综合写作评估研究，聚焦点主要体现在如下四大研究领域：1）二语综合写作任务中考生的写作过程与策略运用研究（Plakans, 2008, 2009a, 2009b; Plakans & Gebril, 2012; Yang & Plakans, 2012; Yang, 2014）；2）二语综合写作文本的语篇特征研究（Cumming et al., 2005; Knoch, 2009; Guo, Crossley & McNamara, 2013; Taguchi, Crawford & Wetze, 2013; Yu, 2013; Riazi, 2016; Plakans & Gebril, 2017）；3）二语综合写作任务中评分员的评分决策研究（Eckes, 2008; Wall & Horák, 2008; Knoch, 2009; Wiseman, 2012; Kuiken & Vedder, 2014; Goodwin, 2016）；4）二语综合写作任务的自动评分研究（Sawaki, Stricker & Oranje, 2009; Enright & Quinlan, 2010; Ramineni & Williamson, 2013; Sawaki, Quinlan & Lee, 2013; Bejar et al., 2014; Bridgeman & Ramineni, 2017）。此类研究为二语综合写作评估提供了理论依据与实证支持，但二语综合写作评估本身仍有其难以规避的局限性（Cumming, 2013），具体如下：

1）所测能力不清，即写作能力与对写作提示的理解能力的测量相混淆；

2）测试用途不明，即写作能力测试与写作能力诊断相混淆；

3）提示体裁模糊，即文本体裁不明确的写作提示会增加评分难度；

4）测试结果可比性不强，即对语言能力要求高，导致不同能力水平考生的测试结果不具很强的可比性；

5）提示文本摘抄，即考生摘抄提示文本时将难以区分考生的语言产出与提示文本语言。

根据 Messick（1989, 1996）的效度整体观，效度被视为以构念效度为核心的整体概念。上述二语综合写作评估的局限性将成为"构念无关因素"，影响到二语写作能力评估的构念效度。但并非所有的构念无关因素都易于辨认，如何弱化或消除其影响是专家学者们需要解决的难题（Haladyna & Downing, 2004）。随着综合写作任务在二语测试中逐渐盛行，综合写作任务的效度研究有待进一步深入。

在语言测试中，许多因素（如施测过程遭干扰、考生个人特质、考生身体或精神状态的临时变化等）会影响测试效果，这也让测试开发者力所不能及，但唯一力所能及的则是试题特征（Bachman & Palmer, 2010），因此可从控制试题质量入手以保证测量效度。在二语综合写作测试领域，已有较多研究发现试题特征对写作表现的影响，其中备受关注的是写作提示的系列文本是否会影响考生在综合写作中的能力表现，并可将写作提示的影响细分为三类：1）写作提示对作文得分的影响（如 Jennings et al., 1999; Esmaeili, 2002; Lee & Anderson, 2007; Kobrin, Deng & Shaw, 2011）；2）写作提示对作文文本特征的影响（如 Cumming et al., 2005; Ohkubo, 2009; Kormos, 2011; Plakans & Gebril, 2013）；3）考生在综合写作中的写作过程与策略运用（如 Ruiz-Funes, 1999; Cohen & Upton, 2007; Plakans, 2008, 2009b; Yang & Plakans, 2012）。

国内外有关写作提示影响的研究中，所涉及的写作提示特征主要是其固有特征，如话题、语篇类型、阅读文本/听力文本体裁、任务说明等，且研究发现各有不同，如部分研究发现综合写作测试中存在提示影响（如 Cumming et al., 2005; Plakans & Gebril, 2013），而部分研究则证明不存在此类影响（如 Jennings et al., 1999; Kobrin, Deng & Shaw, 2011）。写作提示的内在特征对综合写作表现的影响还有待论证。

此外，写作表现还受到很多试题因素的影响，如试题的话题熟悉度、难度、写作任务类型、提示的话题范围等，考生对这些试题因素也会有不同的理解（Lee, 2008）。而在综合写作测试领域，较少有研究关注到考生视角下的写作提示特征及其对考生写作表现的影响。在写作测试研究中，评分员与写作任务在评估中发挥着重要作用，而作文的评分决策往往会或多或少带有一些主观色彩（Bouwer et al., 2015），即评分员很可能会将其主观意志带入评分决策，而这种主观意志可能体现在评分员对不同写作提示有不同认知，而对写作提示的不同认知或将影响到他们的评分决策。但这种有关评分员对写作提示认知的推测还有待进一步的实证验证。

综上，目前国内外关于综合写作测试中写作提示因素的研究基本停留在写作提示的固有特征层面，只有极少数学者提出了考生视角和评分员视角的写作提示特征，但相关实证研究极少。因此，我们将从三个维度的提示特征入手来探讨综合写作测试中的提示影响，即提示固有特征维度、考生认知的提示特征维度和评分员认知的提示特征维度。下面我们将简要介绍本研究的研究目的与研究问题。

1.2 研究目的

基于上述研究背景简介，我们将研究目的设定为两个，具体如下：第一，采用"评估使用论证"（assessment use argument，简称AUA）框架对国内首次使用的综合写作任务进行效度验证。具体而言，本部分包括三个方面：首先，采用深层文本特征测量工具Coh-Metrix探讨考生作文的文本特征，并通过回归分析考查提示固有特征是否会影响考生的写作表现，为综合写作测试的构念效度提供初步证据；其次，采用多层线性模型和结构方程模型分析方法探讨综合写作测试中考生对提示特征的认知对其写作表现的影响，为综合写作测试的构念效度提供证据；最后，采用多层面Rasch模型和二元逻辑回归等分析方法探讨综合写作测试中评分员对提示特征的认知与其评分决策之间的关系，为综合写作测试的评分效度提供证据。第二，通过效度验证为国内综合写作测试提供实证启示。具体而言，本部分包括三个方面：首先，为综合写作任务设计及评分提供启示，即通过将提示影响具体化，明确不同提示特征对写作表现的影响，有利于试题设计人员在编写试题和研制评分标准时规避考试偏颇，尽可能减小提示影响，同时也应加强评分员培训，避免评分偏颇；其次，为综合写作教学提供启示，即通过揭示提示特征与文本特征之间的关系，为教师选材与教学提供建议，公平公正地评估学生的二语写作水平；最后，为机器自动评分模型的设计提供启示，即基于不同文本特征差异的发现和认知影响模型的构建，为不同提示特征下的评分模型提供新的启示。现有机器自动评分研究主要以写作文本特征为参数（如Attali, 2007; Knoch, 2009; Sawaki, Quinlan & Lee, 2013），而鲜有对其组合提示、考生与评分员的认知活动加以考查，从而忽视了这三者在综合写作中的交互作用。

1.3 研究问题

针对上述研究目的，本研究提出以下三个研究问题：

1）提示固有特征对综合写作表现的影响研究，即提示固有特征是否会对综合写作任务的文本特征产生影响？若存在影响，不同提示下的文本特征差异体现在哪些方面？

2）考生对提示特征的认知对其综合写作表现的影响研究，即考生对提示特征的认知是否会对其写作表现产生影响？若存在影响，具体是哪些提示特征，影响程度如何？

3）评分员对提示特征的认知对其综合写作评分的影响研究，即评分员对提示特征的认知是否会对其评分产生影响？若存在影响，具体是怎样的影响？

1.4 小结

本章首先简要介绍了综合写作测试的优点与研究焦点，然后通过梳理综合写作测试的研究现状，指出现有研究的局限性并以此为起点，提出本研究的研究目的和研究问题。

第二章
写作测试中的提示研究

　　写作提示在传统的独立写作任务中一直是考生写作表现的重要影响因素，但学界在提示影响程度方面的研究发现差异较大，没有定论。相较于传统的独立写作，综合写作任务的提示信息更为丰富，但也使测量问题变得更为复杂。Cumming（2013）曾就其优点与局限性进行过深入探讨，其优点包括提供真实语言情景以诱发考生语言能力、提高测试公平性、提高对写作测试教与学的正面反拨效应等，其局限性包括提示文本摘抄并导致写作能力测量无效等。提示问题在独立写作任务与综合写作任务中的重要性可见一斑。但提示问题并非仅涉及其本身固有属性的问题，还涉及到提示与考生、提示与评分员之间交互的问题。Messick（1989）建议将考生认知纳入测试的构念效度。同理，评分员认知也是影响测试效度的重要因素，因此不同维度的提示特征都需纳入测试效度。下面我们将回顾独立写作测试与综合写作测试中写作提示的相关研究，包括提示固有特征研究、提示与考生的交互研究、提示与评分员的交互研究。

2.1　写作测试中的提示固有特征研究

　　在写作评估中，提示固有特征是指仅属于提示本身且与考生能力无关的特征属性（Bachman, 1990, 2002）。Weigle（2002）概括了写作评估中的各个提示特征（具体参见表2.1），表中所列的提示特征都不涉及考生能力或认知要求，即提示本身决定了这些特征，而非考生特质。

表 2.1　写作评估中写作任务的各个维度（摘选自 Weigle, 2002）

写作任务维度	示例
写作话题	个人、家庭、校园、科技等
考题形式	单文本、多文本、图、表等
写作类型	论说文、书信、便条、广告等
文体类型	记叙文、说明文、议论文等
说明形式	过程式、比较/对比式、因果式、分类式、定义式等
认知要求	重写事实/想法、组织/重组信息、应用/分析/综合/评估等
有关受众的说明	个人、教师、同学、普通大众等
有关文中视角的说明	自我/超然的观察者、其他/假定的人物等
有关文体的说明	正式/非正式等
文章长度	半页以内、半页至1页、2-5页等
写作时长	30分钟以内、30-60分钟、1-2小时等
提示用词	疑问/陈述、隐性/显性、语境信息量等
提示选择	多个提示供选择、无多余提示可选等
考试形式	纸笔考试、机考等
评分标准	主要依据内容与结构、语言准确性等

下面我们将从写作得分与写作文本两方面详细介绍提示固有特征对考生二语独立写作表现和综合写作表现的影响。

2.1.1 提示固有特征与写作得分

目前已有大量研究探讨提示固有特征对二语独立写作任务（如 Tedick, 1990; Spaan, 1993; Hamp-Lyons & Mathias, 1994; Lim, 2010; He & Shi, 2012; Wiseman, 2012）和综合写作任务（如 Lee, 2004; Lee & Anderson, 2007; O'Loughlin & Wigglesworth, 2007; Lee, 2008）得分的影响，但结论各不相同。

就提示固有特征对独立写作得分的影响而言，已有大量研究从不同的提示固有特征入手探讨可能存在的提示影响。其中较受关注的是提示话题对独立写作任务得分的影响，研究者争论的核心是：独立写作中是否存在提示话题影响。Lim（2010）考查了密歇根英语能力考试（Michigan English Language Assessment Battery，简称 MELAB）写作提示的不同特征（话题域、文体类型、提示长度、任务限制、提示中人称的使用、任务数量等）对不同性别、语言背景和语言水平考生的作文得分的影响，发现社会话题的提示特征对写作得分有细微影响，但提示特征和考生变量总体上并未对写作得分产生影响。Hoetker & Brossell（1989）的研究也佐证了这一观点，他们通过对比主观/客观话题的短语提示和段落提示下考生的写作得分，发现不同提示长度和话题类型下的作文得分没有显著差异，但提示中主观或客观的表述方式（第一人称/第三人称）会间接影响到考生在写作时的人称表述选择。Hamp-Lyons（1986）也发现具体学科的提示话题和一般性的提示话题上考生的写作表现没有系统性差异。但是，也有一些研究发现了提示话题的影响，如 He & Shi（2012）立足加拿大英语水平考试（English Language Proficiency Index，简称 ELPI）的二语写作任务，考查了写作话题知识对不同英语水平考生二语写作表现的影响；研究者把考生按语言水平分成高、中、低三组，再请这三组考生完成两个写作任务，分别涉及一般性的话题知识和具体学科知识，结果显示这三组考生在一般性话题上的写作得分显著高于其在具体学科话题上的写作得分。Tedick（1990）也开展了类似研究，但结果迥异。他所选取的考生群体是不同英语水平的二语研究生，所对比的写作任务是具体学科的提示话题和一般性的提示话题，结果发现考生在具体学科提示下的写作得分远高于其在一般性话题提示下的写作得分。Stapa（2001）的研究也佐证了 Tedick（1990）的研究结果，发现商务专业的马来西亚籍考生在商务学科相关的写作话题上的得分显著高于其在一般性写作话题上的得分。

另一较受关注的提示固有特征是文体类型（或任务类型）。已有不少研究探讨独立写作任务中提示文体类型与考生写作得分的关系。Carlson（1986，转引自 O'Loughlin & Wigglesworth, 2007）考查了托福写作考试（Test of Written English，简称 TWE）中不同写作话题与任务类型对写作得分的影响，发现不同写作话题不影响考生的写作得分，但不同任务类型会显著影响考生的写作得分。同样，Spaan（1993）考查了密歇根英语能力考试（MELAB）中两类文体类型（记叙类/个人话题与议论类/非个人话题）的写作提示，发现不同英语水平（高、中、低水平）的二语考生在写作任务中的得分差异仅体现在中、低水平组考生，即这两组考生在记叙类/个人话题写作提示下的得分高于其在议论类/非个人话题写作提示下的得分。然而 Hamp-Lyons & Mathias（1994）和 Wiseman（2012）的研究发现却与此相反，Hamp-Lyons & Mathias（1994）对比了论说类/个人话题提示类型与议论类/公众话题提示类型下的考生得分，发现考生在前者的得分远低于其在后者的得分。同样，Wiseman（2012）通过采用 Rasch 分析方法，发现总体上考生在记叙类提示下的得分要高于其在劝说类提示下的得分。简言之，独立写作任务中提示的文体类型的影响存在与否这个问题还有待澄清。

随着综合写作任务的兴起，越来越多的研究开始关注综合写作任务中的提示固有特征与写作得分之间的关系。有不少研究对比不同提示类型（独立写作任务提示与综合写作任务提示），但研究发现不尽相同。如 Brown, Hilgers & Marsella（1991）以夏威夷大学入学新生的写作分级考试（Manoa Writing Placement Examination，简称 MWPE）为例，对比了提供阅读材料的写作提示和不提供阅读材料（需依据个人经历）的写作提示下的得分，发现两者对考生得分均有显著影响。但Smith et al.（1985）的研究发现与此相反，他们设定了同一写作话题下的三种不同提示类型（无阅读材料提示、一篇阅读材料提示、三篇阅读材料提示），考生群体也被均分为三个不同语言水平组别（高、中、低水平组），结果发现高水平组考生在无阅读材料提示下的写作得分显著高于中、低水平组考生，但高水平组考生与低水平组考生在三篇阅读材料提示下的写作得分并无显著差异。

在提示影响研究中最受关注的当属写作提示的话题因素。Jennings et al.（1999）考查了加拿大学术英语水平考试（CAEL）中的潜在话题影响。他们将写作考试的话题设定为两组：一组提供多个写作话题，考生自由选择其中一个话题来写；另一组则是单一写作话题，考生没有机会选择话题。结果发现写作中有无话题选择并不影响考生的写作得分。相反，Lee & Anderson（2007）考查了写作分级考试的话题影响，通过随机分配三个不同学科（贸易、脑科学、伦理学）的听读材料，发现不同话题会影响考生的写作表现，即分到贸易学话题的考生的写作得分高于那些分到其他学科话题的考生的得分。那么不同学科的提示话题会怎样影响考生的写作表现呢？Lee（2004）以伊利诺伊大学香槟分校的英语分级考试（English Placement Test，简称EPT）为例，考查了考生在两种不同话题的综合写作任务中的表现，一种是具体学科提示，涉及人文社科、商务、科技、生命科学等四个学科，由这四个学科的考生来参与完成写作任务；另一种是一般性话题的提示，由同一批考生来完成。结果发现考生在具体学科提示下的写作得分高于其在一般性话题提示下的写作得分，另外具体学科提示影响仅存在于商务和生命科学专业学生的写作得分中，在人文科社和科技专业的学生写作得分中却未有体现。然而Lee（2008）的研究发现又与此截然相反，在对比考生在英语写作测试中的具体话题写作与一般性话题写作表现后，并没有发现考生在写作得分上有显著性差异。

另有一些研究从其他的提示固有特征着手来探讨综合写作任务中

可能的提示影响，如 Brossell & Ash（1984）认为写作任务的表述形式，即将写作任务表述为一个问题句或表述为一个陈述句，都不影响考生的写作表现。O'Loughlin & Wigglesworth（2007）的研究发现进一步佐证了该观点。他们分析了考生在雅思（IELTS）学术写作任务一，即图表作文中的写作得分，考生以不同的方式解读图表信息，所用的语言呈现出不同的复杂度，但写作得分却不具有统计学上的显著性差异。另一方面，Esmaeili（2002）考查了综合写作任务中的两个不同提示，一个是阅读材料与写作任务的主题紧密相关，另一个是阅读材料与写作任务的主题不相关，其后发现成年二语考生在主题相关度高的综合写作任务中的表现优于其在无主题相关度的综合写作任务中的表现。就提示的类型而言，Li（2014）采用多层面 Rasch 模型对比分析叙述文本的概要写作和论说文本的概要写作，发现考生在后者的写作表现优于前者，表明提示的文体类型会影响到考生的概要写作表现。

虽然前人研究（如 Lewkowicz, 1994; Gebril, 2010）已证明综合写作与独立写作均能测量考生的写作水平，但上述研究简述也表明独立写作任务与综合写作任务中基于分数的提示影响分析存在诸多互不相容的研究发现。因综合写作任务涉及语言更为复杂的提示材料，且这些提示各具不同的固有特征，我们有必要梳理并论证综合写作任务中的提示固有特征及其对考生写作得分的潜在影响。

2.1.2　提示固有特征与文本特征

通常任何写作提示，或长或短，或文或理，只要是作为写作任务的引导与促进因素，就可能会对某些考生有利，对某些考生不利，这些有利与不利可以从考生作文的文本特征中略知一二。有许多研究者（如 Lewkowicz, 1994; Hinkel, 2002; Cumming et al., 2005; O'Loughlin & Wigglesworth, 2007; Kormos, 2011; Kobrin, Deng & Shaw, 2011; Wu, 2013; Riazi, 2016）考查了英语独立写作任务与综合写作任务中提示固有特征对考生写作文本的影响。

独立写作任务中的提示通常非常简单，是一个问题句（Plakans, 2010）或一个陈述句（He & Shi, 2012）。已有许多研究探讨独立写作任务中提示固有特征对考生写作文本的影响，也有不少研究关注独立写作任务与综合写作任务中提示变量与文本特征变量之间的关系。Kobrin, Deng & Shaw（2011）考查了美国学术能力评估测试（Scholastic Assessment Test，简称 SAT）中写作部分的提示特征与文本特征（文本长度与文章内容），发现各个提示下文本长度与考试分数呈显著相关，他们认为这是考生不同语言水平所致，而非不同提示特征所致。然而，其他研究发现都与此不同。如 Reid（1990）构建了由两大提示类型（对比类和图表类）构成的托福写作测试的作文语料库，并进行了语料分析，发现不同提示类型会导致考生在写作时呈现不同的流利度（词数）和词汇表现（平均词长、实词比例）。同样，Hinkel（2002）分析了大学生群体的英语二语作文，共涉及 6 个不同写作提示（不同措辞、话题、内容等）和 68 个文本特征，结果发现不同写作提示会影响考生的遣词造句。Yu（2009a）考查了密歇根英语能力考试中考生在写作和口语考试中的词汇多样性，在控制了考生写作能力变量和整体语言能力变量后，其中一项相关发现是提示话题内容与话题类型（个人/非个人）会显著影响考生作文的词汇多样性。Ong & Zhang（2010）从提供观点和行文结构的视角设定了提示复杂度，分为三个层面：层面一是限定话题、观点和行文结构，层面二是限定话题和观点，层面三是限定话题，以此来考查提示复杂度对二语考生独立写作任务中语言流利度与词汇复杂度的影响，发现提示越复杂，考生作文中的词汇也越复杂，但并不影响语言流利度。

另有一些研究比较独立写作和综合写作任务中的文本特征差异，这些研究各有侧重。如 Smith et al.（1985）对比了同一话题的三类不同提示类型（无阅读材料提示、一篇阅读材料提示、三篇阅读材料提示）对考生作文文本特征（流利度、语言错误总数和语言错误的类符形符比）的影响，发现提示类型会显著影响语言流利度和语言错误总数，但对语言错误的类符形符比的影响不显著。Lewkowicz（1994）

以独立写作任务为参照，考查了综合写作任务中阅读材料的作用。通过对比两组英语学习者的作文在文章长度、观点的使用与论证、论证成功/失败方面的差别，发现学习者在两种写作任务下的文章长度没有显著差别，但有阅读材料作为参考的学习者对阅读材料有较大依赖性，缺乏自己的见解和主张，也未能充分拓展论点；相反，在没有阅读材料的情况下，学习者没有了参考，能从更发散的角度来阐述自己的观点，可见阅读材料的有无或多少对考生观点的表达有一定的影响。Riazi（2016）比较了考生在新托福（综合写作任务和独立写作任务）中的写作表现和学术写作课上的写作表现，发现这三个写作任务下的文本特征主要体现在句法复杂度、词汇复杂度和衔接手段上。Cumming et al.（2005）以托福考试为研究对象，详细比较了综合写作任务和独立写作任务中考生作文的文本特征，发现三种提示类型（无提示、阅读文本提示和听力音频提示）下的考生作文文本在词汇复杂度（文本长度、词长、类符形符比）、句法复杂度（句子T单位中的平均词数和从句数）、论点论据（论点、论据、理据和反驳是否有利）、语用效果（合理规范利用提示材料，或转引或转述或概述）等方面具有显著差异。

还有一些研究关注综合写作任务中提示对考生作文文本特征的影响，但研究结果也是各不相同。如Wu（2013）考查了不同语言水平的英语母语者和非母语者对提示材料的使用情况，发现非母语的高、低水平组学习者能辨别提示材料的上位范畴，但容易依赖提示材料中的现成语言，不能像母语者那样根据论证需要来筛选使用提示材料。另有一些研究者采用调控提示变量的方式来观察其不同影响，如O'Loughlin & Wigglesworth（2007）把雅思学术写作任务一的提示变量设定成不同的复杂度，即把提示设定为同一话题下以不同的信息量呈现（给定的信息或少或多），并从三个方面评估考生作文的文本特征差异，包括任务完成情况（词数、语言准确性）、连贯与衔接（文章结构、连词使用、指称词使用）、词汇与句子结构（从句类型、从句数、无错句、句子T单位数量、无错的句子T单位数量、关键词复现率）。研究结果显示：提示中所提供的信息量越少，考生作文在句子结构、文章结构、衔接手段、关键词复现率等方面表现得越复杂；但这一递增趋势并未体现在语言准确性（句子 T 单位数量、无错误句的 T 单位数量）上。Ishikawa（2006）以密歇根英语分级考试（Michigan English Placement Test，简称 MEPT）为研究对象，从不同角度设定提示复杂度，即采用同样内容的提示材料但不同的时态形式（现在时和过去时），以此来考查提示复杂度是否会影响考生在记叙文写作上的准确性、复杂度和流利度。结果发现考生以过去时态写成的记叙文在语言准确性、流利度、句法复杂度和词汇多样性上均优于以现在时写成的记叙文。同样，Kormos（2011）从认知复杂度入手来调控提示复杂度，将提示分成限定内容的看图叙事和不限定内容的看图叙事，考查不同认知复杂度的提示特征对考生记叙文语言的影响。研究结果显示：提示对词汇复杂度有主要影响，对时间衔接的表述有次要影响。

从上述简述可见，从文本特征角度分析独立写作任务与综合写作任务的提示影响，主要体现在作文文本的语言流利度、词汇多样性、句法复杂度、语言准确性、衔接手段等方面，但此类文本特征流于浅层且涉及面较窄，还有待增加文本中的深层特征，并采用更多更全面的特征指标。

2.2　写作测试中提示与考生的交互研究

Messick（1989）曾强调社会价值观渗透于测试结果的解释与使用中，测试是社会性的建构过程，也是具有后现代价值观的社会科学。这一语言测试的社会观给了我们一个启示，即在效度研究中可纳入考生认知视角的效度证据。Rea-Dickens（1997）也强调了测试中考生视角的重要性，尽管"考生视角的证据较难采集和解读"，并且考生个人特质也是因人而异。在本研究中，我们将尝试采集和解读考生视角下的提示特征，即考生对提示特征的认知，并考查其对考生写作表现的影响。

考生的个人特质不仅涉及性别、年龄、语言背景、专业背景等表层差异，还应涉及更深层次的差异，如话题知识、情感差异、认知策略等（Bachman & Palmer, 2010）。以提示难度为例，Bachman（2002）认为"试题难度并不是测试本身固有的属性，而是相对于参加考试的考生群体而言的"，即提示难度是提示特征与考生特质之间交互作用的结果，可能对某些特质的考生群体有利或不利，因此有必要引入考生认知视角以明确提示的认知维度的影响问题。迄今为止，仅有少量研究探讨语言测试中考生认知的提示特征，更多的探讨则是来自二语习得领域，相关研究有 Robinson（1995, 1996, 2001）、Foster & Skehan（1996）、Skehan（1996, 1998）、Skehan & Foster（1997, 1999）等。Skehan（1998）基于以往研究（如 Candlin, 1987）提出评价任务型语言教学中任务难度的参考框架，将任务难度投射到语言、认知和实际交际中的难度，具体包括如下三个方面（Skehan, 1998）：

1）语码复杂度：涉及语言复杂度和多样性、词汇量和词汇多样性、冗余和语言密度；

2）认知复杂度：涉及认知熟悉度（包括话题熟悉度、话语类型熟悉度、任务熟悉度）和认知处理过程（包括信息结构、信息"计算"量、信息清晰度与充分性、信息类型）；

3）交际压力：涉及时间限制与时间压力、交际的速度、参与任务的人数、所用文本的长度、交际控制时机等。

Robinson（2001）在区分"复杂度"与"难度"基础上，明确了两者对任务表现产生的不同影响，提出了包括任务复杂度、任务难度和任务条件的交际框架。其中任务复杂度涉及任务的认知因素，是"任务结构中的注意力需求、推理需求和其他信息处理需求加之于语言学习者后的结果"（Robinson, 2001: 29）；任务难度涉及两类学习者变量：情感变量（如信心、动机、焦虑等）和能力变量（如智力、学能、认知风格等）；而任务条件则涉及参与变量（如开放/封闭、单向/双向、聚合/发散等）和参与者变量（如性别、参与者之间的熟悉度、对任务的熟悉度、权利/团结等）的任务交际需求。这三者不同程度的交互作用会导致学习者不同的任务表现与学习差异。

在语言测试领域，尚未有学者系统提出有关测试任务特征的认知分析框架及其潜在影响，而以上从二语习得领域参引的分析框架均强调语言学习者对任务复杂度与任务难度的认知及其对任务表现的潜在影响，将为语言测试领域的相关研究提供启示。回顾写作测试中考生对提示认知的文献，仅有少量研究从考生认知角度出发，探讨考生对提示的认知差异及对其综合写作表现的影响，但研究发现却截然不同。

相关的主要研究有：Polio & Glew（1996）以多提示的独立写作任务为例，即二语考生在完成写作任务时有多个提示可供选择。通过对考生写作时为何选择某一提示等问题进行访谈，发现考生在作出选择时的首要关注点是其所认知的提示熟悉度或所涉及的话题知识，第二关注点是提示的概括性或具体性，再次才会关注到他们所认知的某提示下可能涉及到的文章结构、话题趣味性和所需要的词汇知识。这些关注点的排序与其他研究有所不同，Hayward（1990）发现考生认为选择提示的最重要因素是提示趣味性，其次才考虑提示的篇幅长短问题和可读性问题；Chiste & O'shea（1988）则发现考生在选择提示时最先考虑的因素是提示的篇幅长短问题。以上研究涉及考生选择提示的理由，另有部分研究进一步探讨独立写作任务中考生对提示的认知与其写作表现的关系，但研究结果也是差异甚大。Hidi & Anderson（1992）发现考生认知的提示趣味性、话题知识和写作表现之间存在微妙且复杂的关系，具体为：考生对写作提示非常感兴趣，但却对该写作话题知之甚少，写作得分很低；考生对写作话题很了解，即便感兴趣程度不高，也能有不错的写作得分。Benton et al.（1995）的研究也有类似发现，通过考查写作表现、话题知识与提示趣味性三者之间的关系，发现考生对提示感兴趣程度与话题知识之间存在中度相关关系，并且这两者与写作表现两两相关。但较为熟悉写作话题并不意味着能写好作文（Bereiter & Scardamalia, 1987），其他研究未能发现考生对提示的认知与其实际写作表现之间的关系。Powers & Fowles（1998）通过分析考生对美国研究生入学考试（Graduate Record Examination，简称 GRE）写作提示的难度认知（包括熟悉度、表达欲、相关度、趣味性、表述明确度），发现考生对提示难度的认知在很大程度上取决于考生对该提示话题的感兴趣程度和熟悉程度，且这一难度认知几乎不影响写作得分。其他研究也证明了基于考生认知的提示难度对写作表现并无影响（Kuiken & Vedder, 2008），但也有研究证明此类影响的存在（He & Shi, 2008, 2012）。He & Shi（2008）对比了国际学生对托福写作考试（TWE）和加拿大英语水平考试（ELPI）的认知，发现多数学生以自己的考试经历作为认知评判依据，具体表现为：托福写作考试的提示与写作例题里的提示很相似；而加拿大英语水平考试的写作提示则和加拿大文化息息相关，使得许多缺乏背景知识的国际学生难以下笔，以致考试失利。考生对这两项标准化考试的认知表明陌生的文化背景提示容易成为难点。He & Shi（2012）以加拿大英语水平考试的独立写作任务为例，通过考后访谈进一步探讨了英语为二语的考生为何在一般性话题上的写作表现优于其在具体话题上的写作表现，发现了考生与提示之间的交互作用，即考生认为具体话题需要相关领域的知识与词汇，并且需要发表特定见解的信心，因而更难并更具挑战性。

  相比于独立写作，综合写作任务的提示内容更丰富，可能引发考生更为复杂的认知活动，但却很少有研究涉及考生与提示的交互作用。其中一条研究主线是考查考生对可能的提示影响的认知，Yu（2009b）先设定三个概要写作的提示文本，这三个提示文本具有相似的篇幅与可读性，但具有不同的语篇特点（如词汇多样性、被动语态、行文结构等）。通过让所有考生完成这三个概要写作任务，发现不同提示文本会影响考生的写作得分。通过考后问卷调查与访谈，发现考生对提示文本的认知会影响其写作表现，其中考生认为最影响概要写作的提示特征包括行文结构、生词词频、话题熟悉度与文本篇幅。同样，Li（2014）考查了不同文体类型的概要写作任务，通过问卷调查与访谈，发现考生普遍认为记叙文概要写作比说明文概要写作容易，但对写作得分的分析则表明考生在说明文概要写作上的得分显著高于其在记叙文概要写作上的得分。需要进一步探讨的问题是如何解释考生对提示特征的认知与其实际写作表现之间的差距。

另一条研究主线则是考查考生认知与其写作得分之间的关系，相关研究包括：Lee（2008）分析了考生对具体话题提示与一般性话题提示的认知数据，得出了五类考生认知的提示特征，包括偏好、熟悉度、难度、写作任务的有用性与话题影响。通过将考生对提示特征的认知与他们在两类写作提示下的写作表现相链接，发现唯一有影响的是考生对提示熟悉度的认知。Jennings et al.（1999）也有类似发现，即考生对写作话题的认知会轻微影响其写作得分，虽然这一影响并不具有统计学意义。Cho, Rijmen & Novák（2013）考查了考生对新托福考试听读写综合写作任务中提示的难度认知（包括总体难度、听力难度与抽象性、阅读难度、意义一致性等）及其对写作得分的影响，发现影响考生得分的是两类与考生对任务难度认知相关的提示特征，即听力提示中的观点差异和阅读提示中的文章难度。除去上述研究发现，待解决的问题是如何解释读写结合综合写作的提示与考生之间的交互作用及其影响。

综上，研究者从考生认知视角出发，发现独立写作任务与综合写作任务中各有不同的提示特征，并且对写作表现的影响也是或有或无，轻重不一。并且研究者较多关注独立写作任务中考生与提示的交互，仅有少数几位研究者探讨综合写作中复杂的提示材料与考生之间的交互作用，研究结果不一，并且研究设计各有侧重。就读写结合的综合写作任务而言，考生与提示的交互作用及其对写作表现的影响还有待进一步探讨。

2.3 写作测试中提示与评分员的交互研究

写作测试旨在有效测量考生的写作能力，理想状态下，写作得分的差异来源于考生写作能力的差异。但在实际操作中，会有许多因素干扰测量的有效性，导致写作得分的误差，正如 Weigle（1999）所指出的那样，"引起考生写作得分差异的因素，可能是作文的文本差异，或是评分过程中的某种误差（如评分员与特定提示/提示类型之间的交互导致的误差等），但往往很难确定差异来源。"在写作测试中，评分员参照评分标准对考生作文进行"客观"评价,但不论评分员是否受过评分培训、是否受过多次培训,评分过程始终难以摆脱"主观"二字。在英语为二语/外语的写作测试领域,已有大量关于评分员误差的定性定量研究,而评分员误差也被视为影响评分信度的不稳定因素。

较多有关写作测试的研究表明:评分员的评分行为容易受到多种因素干扰,这些因素包括评分员的学术专长(如 Vann, Lorenz & Meyer, 1990)、语言背景(如 Kobayashi, 1992; Johnson & Lim, 2009)、文本语言关注点(如 Brown, 1991; Cumming, Kantor & Powers, 2002; Gebril & Plakans, 2014; Li & He, 2015; Wolfe, Song & Jiao, 2016)、评分经验(如 Weigle, 1999; Barkaoui, 2010; Lim, 2011)、评分培训(如 Elder et al., 2007; O'Sullivan & Rignall, 2007; Knoch, 2011; Attali, 2016)、评分员投入程度与评分期待(如 Huot, 1993; Sakyi, 2000; Wiseman, 2012)、评分协商(如 Johnson et al., 2005; Trace, Janssen & Meier, 2017)、评分员认知策略的使用(如 Cumming, 1990; Wolfe, Kao & Ranney, 1998; Cumming, Kantor & Powers, 2002; Zhang, 2016)等等。研究者与测试从业人员需要考查不同测试情景下各干扰因素是否会导致评分误差,若有,则应尽可能地减少。

写作评分实质上是一种评分员的主观行为,是一种"复杂且容易出错的认知过程"(Cronbach, 1990)。正如 Myford & Wolfe (2003)所说的那样,主观评判"植根于观察、解释以及(更重要的)个人与专业判断的反复操练"。对样本的观察、解释与评判都取决于评分员的主观判断,即使评分员已经受过评分培训且经验丰富,在评判特定提示下的作文时,仍然不可避免地会带有主观色彩。写作测试中较难定义的误差源于评分员与写作提示间的交互作用,即评分员对提示的认知是否会影响其评分决策。回顾文献,有关评分员与提示交互及其影响的研究却相对较少,并且都侧重于独立写作任务领域。Stock & Robinson(1987)很早就关注到评分员的评分期望或与作文本身质量一样重要,但缺乏实证数据。Purves(1992)发现国际学生在不同类型作文得分的相关系数的均值上具有国别差异，而这种差异可能归因于评分员误差，而非学生的写作能力。Weigle（1999）通过考查两种提示类型下评分员与写作提示之间的交互进一步细化评分员的误差研究。分析结果显示，评分员对提示的认知会潜移默化地影响到其评分决策，具体表现为：相较于被视为较易的提示，被视为较难的提示易使经验不足的评分员在评分时表现得更为严厉。但 Hamp-Lyons & Mathias（1994）的研究发现却与此截然不同，通过考查密歇根英语能力考试中专家类评分员（阅卷专员与英语教师）对提示难度的评判及其作文评分，发现专家类评分员均认同论说性/公众类话题写作提示比说明性/个人类话题写作提示的难度要高，但实际评阅后，前者的得分高于后者的得分，这表明专家类评分员或许有意无意地根据各自的提示难度预估来弥补提示难度较高的问题。这一发现也印证了 Weigle（1999）的观点，"提示难度涉及考生语言能力、提示本身属性、评分标准以及评分员特质（尤其是评分员背景、评分员对特定提示下的评分期待）之间复杂的交互作用"。Wiseman（2012）通过对评分员的有声思维研究，发现评分员对不同提示类型有着强烈的个人期待，而且此类期待可能转而影响到其评分决策。具体而言，评分经验偏少的新手评分员对记叙类提示有较高要求，相较于劝说类提示下的作文评分，对记叙类提示下的作文评分更趋严厉。但因关注点主要是评分员对考生和作文的期待，评分员与提示之间交互作用的实证证据尚需通过进一步的实证研究来获取。

综上所述，仅有的少量研究均从独立写作任务出发来探讨评分员对提示的认知，而没有从综合写作任务角度的探讨。在写作提示变化更多的情况下，上述发现是否适用于综合写作任务，评分员是否也会有意无意地将个人认知或期待带入到综合写作评分中去？这也是本研究需要解决的一个问题。

2.4 小结

基于以上文献综述，在英语为二语/外语的写作测试领域，不同维度的提示特征（提示固有特征、考生与评分员对提示特征的认知）可能会在不同程度上影响写作能力的测量效度，构成效度研究中的"构念无关因素"。但针对不同研究重点、研究方法及研究发现，上述研究仍具有一定局限性，概述如下：

第一，从研究维度设定来看，多数研究侧重对独立写作任务与综合写作任务中的提示固有特征维度，如话题域、提示长度、提示中人称的使用、任务数量（Lim, 2010）、话题知识（He & Shi, 2012）、提示类型（Wiseman, 2012）等，仅有少数研究关注考生认知的提示特征维度，而评分员认知的提示特征维度研究则更少，尤其是综合写作任务中评分员对提示特征的认知研究。

第二，从研究发现来看，提示固有特征对写作表现的影响在写作得分和文本特征视角下呈现出不同甚至相互矛盾的研究发现；提示与考生交互的研究不仅结论不一，而且考生对提示特征的认知与其写作表现之间呈现出对应或不对应的关系；评分员与提示交互的研究主要集中在独立写作领域，且未有一致结论，有关综合写作任务中评分员与提示交互作用的研究还有待深入。

第三，从提示特征来看，以往研究对提示特征的考查不够全面。本研究着眼于三大维度的提示特征，分别是提示固有特征、基于考生认知的提示特征与基于评分员认知的提示特征，以期从提示角度系统地对综合写作任务进行效度验证。因综合写作任务中的提示语言更丰富，内容更复杂，有必要明确不同维度提示特征在综合写作中的具体作用与影响。

第四，从文本特征来看，在对考生作文进行文本分析时，多数研究主要依据浅层的文本特征，如文本长度与内容（Kobrin, Deng & Shaw, 2011）、词长、类符形符比、句子T单位中的平均词数和从句数（Cumming et al., 2005）、总词数、从句数、句子T单位数量

(O'Loughlin & Wigglesworth, 2007)、词类、书写速度（每分钟的平均词数）(Ong & Zhang, 2010)等。较少有研究对更深层次的文本特征进行挖掘，如词汇具体性、词汇熟悉度、名词上下义关系、指称连贯性、句法复杂度、语义相似性等。对文本特征的考查需要综合各类深层与浅层的文本特征。

综上，以往研究未能对提示、考生写作表现和评分员评分决策之间的交互关系提供确凿一致的实证证据，符合 Huot（1990）当年对写作测试文献的概括，即"写作任务与作文得分之间关系的特点，基本上还是一个未知领域"。因此，本研究尝试探讨各维度提示特征对考生综合写作表现与评分员评分决策的影响，为综合写作测试提供效度证据，在一定程度上填补该领域的研究空白。

第三章
写作测试的效度验证框架与方法

综合写作测试从更真实有效的角度来测量考生的语言能力，但同时这种新型的测试形式也涉及诸多效度相关的复杂问题：测什么、怎么测、如何对测试进行效度验证，其中综合写作测试的效度验证则是写作测试领域的重中之重。如果一项测试从设计目的开始就无效，那么基于测试分数所作出的任何推论或解释也不可能准确（Alderson, Clapham & Wall, 1995）。自现代语言测试的创始人 Lado 于 1961 年提出早期的测试效度概念至今，语言测试的效度研究取得了很大进展，众多专家学者相继从不同角度提出了不同的效度理论，以便更合理地评估基于测试分数所作出的特定推论与分数使用（Kane, 2013b）。但在综合写作测试的效度研究领域，目前尚未形成系统的效度理论或模型（Hirvela, 2004; Delaney, 2008），并且有关语言学习者（尤其是二语或外语学习者）如何习得综合写作能力（即根据提示来写作的能力）的研究仍处于初期阶段（Knoch & Sitajalabhorn, 2013）。本章节我们将从不同维度探讨如何确立综合写作测试的效度验证框架以及效度验证方法。

3.1 效度的概念

语言测试中的效度概念源于教育与心理测量领域。最初 Lado 将效度概括为"一项测试测量了它本该测量的东西了么？如果是，那么这项测试就是有效的"（Lado, 1961）。此后不同维度的效度概念开始涌现，下面我们将作一个简要的梳理。

Henning（1987）将测试效度定义为测试的适切性，即当一项测试或其中某部分测量了它想要测量的目标时，这项测试便是有效的，且这种有效性是相对概念，仅针对特定测试目的有效，而非所有目的。这一定义更侧重测试开发设计与使用的目的性。同时，他还强调效度的程度问题，相对于测试的设计目的，测试的有效性则有或多或少的差别，这与Alderson, Clapham & Wall（1995）的观点一致，效度具有相对性，并不是一个"有或无"的概念。Hughes（1989）将测试效度与测量精确度挂钩，认为如果一项测试精确地测量了它所要测量的东西，那么这项测试就具有效度。McNamara（2000）进一步拓展了效度与测量精确度之间的关系，强调考生在测试过程中的表现应是其真实语言能力的精确再现，测试的效度高低取决于测量的精确与否。Messick（1989, 1996）提出了整体效度观，他认为效度是"一种综合评价，评价经验证据与理论基础在多大程度上支持基于分数或其他测量方式所作出的推断与决定的充分性和适切性"（Messick, 1989）。该定义与《教育与心理测试标准》（Standards for Educational and Psychological Testing）（AERA, APA & NCME, 1999）中给出的定义类似，即效度是指"证据与理论在多大程度上支持基于测试分数的解释，且该测试分数由所提议的测试使用所限"。根据Messick（1989, 1996）的效度观，需要有各种不同的经验证据与理论证据来证明基于分数的解释和推论是有效的，且各证据之间有互补关系。至此，各种不同的证据就构成了效度概念中的不同方面，使效度成为了一个整体的概念。Messick（1989）的效度渐进矩阵如表 3.1 所示。

表 3.1　效度渐进矩阵（摘选自 Messick, 1989）

	测试解释	测试使用
证据	构念效度	构念效度 + 相关性 / 实用性
后果	构念效度 + 价值含义	构念效度 + 相关性 / 实用性 + 价值含义 + 社会后果

由上表可见，构念效度是测试解释与使用的核心证据，从测试解释到使用，不仅需要收集构念效度的证据，还需要收集其他证据，包括该测试的相关性/实用性、对该测试解释的价值含义以及该测试使用的社会后果等证据。这一效度概念将效度置于更广阔的社会文化范畴中，涉及测试解释与使用的社会文化内涵与影响。Messick（1989）还指出影响构念效度的两大危害分别是构念代表性不足和构念无关因素。前者表示测试构念过于狭隘，未能包括所测构念的重要方面，会影响测试真实性；而后者则表示测试构念过于宽泛，包含过多与所测构念无关的因素，会影响测试直接性。他还提出了两类构念无关因素：构念无关难度与构念无关易度，其中构念无关难度指与核心构念无关的某些测试方面会使测试对某些考生/群体显得更难，而构念无关易度则是表示试题或考试形式里无关的线索会让某些考生答对，但却与所测构念无关。因此，在效度验证中，构念效度是关键，需要明确影响构念效度的是何种危害，并控制或减少这种危害。

基于以上对构念的定义，效度并不是一项测试的某种属性，而是针对某一特定目的的测试使用，对测试的效度验证也并非静止的或一次性事件，而是持续不断的论证过程（Sireci, 2007）。因语言测试具有高度情景化特点，应收集特定证据用于特定的测试解释与使用，并且新的测试使用情景也需要新的解释证据（Fulcher & Davidson, 2007）。效度验证其实是"制定一套合理的程序以指导当前的测试使用与相关研究，以加深对测试分数的理解"（Messick, 1989）。

Messick的整体效度观澄清了语言测试领域的效度问题，增进了对效度概念的理解。但有许多研究者提出这一概念过于晦涩和空洞，对从事测试效度验证的研究人员缺乏可行性的指导，可操作性不强（Bachman, 2005; Davies & Elder, 2005; Xi, 2008; Davies, 2011; Kane, 2013a）。在教育领域，语言测试的使用越来越多，并且对教育系统及整个社会的影响也越来越大，因此语言测试的效度验证迫在眉睫。至于如何开展效度验证，下文我们将简要探讨后Messick时代的现代效度验证方法。

3.2 效度验证框架

在后 Messick 时代，Chapelle（1994）提出的效度验证框架对效度验证进行了操作上的尝试，如表 3.2 所示。这项尝试采用 Messick（1989）整体效度观作为指导框架，研究了二语词汇能力测试中使用完形测试的有效性问题。如下表所示，Chapelle（1994）提出了四类效度理由（其中包括六种构念证据、相关性与实用性证据、完形测试的价值含义和完形测试使用的社会后果），并把效度理由分为支持理由和反对理由，从不同角度进行举证，是相关词汇测试的典型操作范例（McNamara, 2003）。该框架的优点在于，在效度验证中明确提出了需要举证正反面的效度证据。

表 3.2 二语词汇能力测试中使用完形测试的理由分析（改编自 Chapelle, 1994）

理由	支持	反对
证据		
1) 构念证据		
2) 相关性与实用性		
后果		
1) 价值含义		
2) 社会后果		

Bachman & Palmer（1996）提出了测试有用性框架作为效度验证框架，包括六大质量属性：信度、构念效度、真实性、交互性、测试影响和可行性。另有三条操作原则：1）应将测试整体有用性最大化，而不是将影响测试有用性的个别质量属性最大化；2）不应孤立评估个别质量属性，而应评估所有质量属性对测试整体有用性的综合影响；3）一般不规定测试有用性以及各个质量属性间的最佳平衡，而是依每个具体的测试情景而定。许多效度研究围绕这一框架展开，如 Spence-Brown（2001）探讨了课程评估中真实性的理论与实践问题；Chapelle, Jamieson & Hegelheimer（2003）依据测试有用性框架，对基于网络的

英语作为二语的语言水平考试进行效度验证,针对该框架中的各个质量属性列举正反证据进行论证。在实际情况下,效度验证需要收集无穷的证据,而测试有用性框架可以解决这一实际问题,其中时间和金钱上也需要给予考虑(Chapelle & Voss, 2014)。

Weir(2005)从社会认知视角提出了效度验证的社会认知框架,涉及六大效度构成要件:考生、情境效度、认知效度、评分效度、结果效度和效标关联效度。图3.1显示了这六大效度构件之间的关系。图中箭头方向表明两者间的任意假设关系,即哪一构件对哪一构件有影响;图中由上往下的时间轴表明一项测试从施测到评分到测试使用后果的时间历程,包括测试前、施测时间以及测后可能发生的情况等(Weir, 2005)。以情境效度和认知效度为例,情境效度不同于传统的效度,具有更高层级的上位范畴的意义,包括了语言情境以及考生完成测试任务所涉及的社会文化情境;认知效度涉及由测试情境中的任务所触发的考生大脑运行与真实情境中完成某一任务的大脑运行是否相似;情境效度和认知效度具有同等重要性和共生关系。这一框架从时间顺序上定义效度,设定了语言测试效度验证的前后步骤,有较强的可操作性。此外,该框架侧重交际的认知与社会视角,即关注语言能力和测试任务(Weir, Vidaković & Galaczi, 2013),并且已有许多研究参考该框架展开

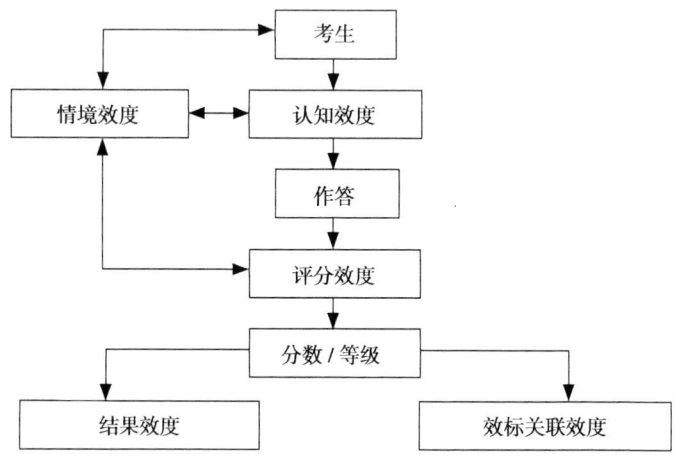

图 3.1 效度验证的社会认知框架(摘选自 Weir, Vidaković & Galaczi, 2013)

效度验证，如 Shaw & Weir（2007）、Khalifa & Weir（2009）以及 Weir, Vidaković & Galaczi（2013）等所做的剑桥英语考试的效度验证。

Kunnan（1997, 2000, 2004, 2010）提出并拓展了测试公平性框架，用以解释效度与效度验证。Kunnan（1997）认为测试公平性存在于测试开发、分数解释与分数使用的各个阶段，应成为效度研究的核心。Kunnan 的测试公平性框架也历经了几个发展阶段，最初测试公平性分为效度、公正性和机会均等三个构成要件，使公平性研究限于测试的心理测量学属性，但也涉及了测试的社会、道德、法律与哲学层面（Kunnan, 2000）；随后测试公平性得到进一步拓展，成为更全面、更具概括力的概念，涉及五大互相关联的测试属性：效度、测试无偏性、学与测的机会均等、施测条件和社会后果（Kunnan, 2004），每一测试属性均需收集不同证据以支撑该属性，详见表 3.3。虽然这一框架对开展测试公平性研究有很强的指导意义，但在效度验证领域仍缺乏可行性，正如 Bachman & Palmer（2010）所评价的那样，"显然，测试公平性并非是单一的属性，而是测试过程本身与测试结果使用中各个方面相互作用的结果"。Baharloo（2013）对测试公平性框架的局限性作了总结：1）由于缺乏如何保证效度的指导原则而不具备可操作性；2）由于没有澄清测试开发者与使用者在测试过程中的责任而低估了他们的重要作用；3）忽视考生群体的组内差异，只关注其组间差异。对于公平性与效度关系，Xi（2010）探讨了这两者的关系（测试公平性与效度是互为独立的概念，测试公平性包括效度或从属于效度），通过援引基于论证的效度验证方法，将公平性研究系统化，并将其整合为效度证据的一个方面。

表 3.3　测试公平性框架（摘选自 Kunnan, 2004）

测试属性	证据类型
效度	a）内容代表性或内容覆盖性证据 b）构念或基于理论的效度证据 c）效标关联的效度证据 d）信度

（待续）

（续表）

测试属性	证据类型
无偏性	a）令人不适的内容或语言 b）基于考生背景的不公平处罚 c）群体差异的影响和评价标准的设定
机会均等	a）教育上机会均等 b）经济上机会均等 c）地域上机会均等 d）个体上机会均等 e）条件或设备上机会均等
施测条件	a）硬件条件 b）统一性或一致性
社会后果	a）反拨作用 b）补救办法

近年来，语言测试学界越来越关注基于论证的效度验证方法，进一步丰富并拓展了效度验证的实施范畴，如教育测量领域里Kane, Crooks & Cohen,（1999）与Kane（1992, 2001, 2002, 2004, 2006）的解释性论证，Mislevy, Steinberg & Almond（2003）与Mislevy & Haertel（2006）的以证据为中心的方法（evidence-center design, 简称ECD），以及语言测试领域里Bachman（2005）与Bachman & Palmer（2010）的"评估使用论证"框架（AUA）、Chapelle, Enright & Jamieson（2008）的托福效度论证模型等。这些基于论证的效度验证方法具有如下三大共同特点：1）测试开发者明确所需的解释性论证，以澄清测试分数的使用以及测试分数所具有的意义；2）各主张与推论在解释性论证中作为基本构件；3）解释性论证作为收集效度证据的框架（Chapelle & Voss 2014）。

Kane（1992, 2004, 2006, 2012, 2013a, 2013b）在继承并拓展Messick（1989）整体效度观的基础上，提出了能广泛用于测试分数解释与使用的系统化的效度验证模型。该模型涉及两类解释性论证：描述性论证和效度论证，前者用于明确所倡导的测试分数解释与使用，而后者用于批判性地评价解释性论证的总体可行性，以及必要时实证检验其推论与假设（Kane，2004）。

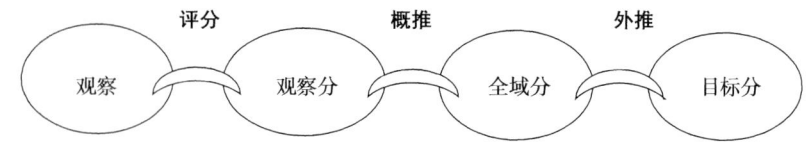

图 3.2　解释性论证（摘选自 Kane, Crooks & Cohen, 1999）

早期的解释性论证（Kane, 1992; Kane, Crooks & Cohen, 1999）主要运用了三种推导过程（详见图 3.2）。第一个推导过程为评分（scoring），即通过对考生样本的观察得到一个观察分，并且该过程的推导合理性主要取决于两个假设，假设一为评分标准具有合理性且已按预期应用，假设二为考生实际表现与对其技能的解释相符。第二个推导过程为概推（generalization），即通过观察随机或有代表性的考生样本来概推得出考生实际表现的结论，由观察分概推得到一个全域分。第三个推导过程为外推（extrapolation），即通过对特殊限定的全域分的推断而得出真实情境下的目标分。之后，Kane（2004, 2006, 2012, 2013a, 2013b）不断完善解释性论证，增加了另一种推导过程，Bachman（2005）称之为使用（utilization），即通过结合目标分的使用来作出决定，从而使得整个解释性论证的证据链更符合真实情境下的测试使用。同时上述每种推导过程都是假定性过程，都需要运用 Toulmin（1958/2003）推断模型（图 3.3）。每种推导都以数据（datum）开始、以主张（claim）结束，中间环节主要依靠理据（warrant），而理据则需要相关的证据来支撑（backing）；但假定性的理据并非绝对可靠，往往需要某种限定（qualifier）以显示通过理据而表现出的强弱关系；例外情况（exceptions）或反驳情况（conditions of rebuttal）可能与支持性理据相反，可质疑主张（Kane, 2004, 2013a, 2013b）。测试分数的解释与使用需要经过推导链的证实与证伪，才能一步步从考生的测试表现推导至基于目标分作出的决定。

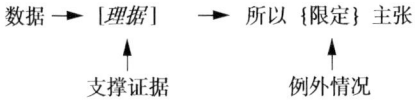

图 3.3　Toulmin 推断模型（摘选自 Kane, 2004）

在该效度验证模型下，解释性论证的推导链需要不断拷问推导过程，节节论证，环环相扣。若要证明所倡导的分数解释与使用有效，效度论证需要对所有解释性论证中的推导过程提供真实有效的支撑证据，并排除似是而非的质疑（Kane, 2013b），因此在运用解释性论证作为效度验证模型时，需要理清并评估其证据链中的薄弱环节，使所倡导的分数解释与使用的推论与假设具有一致性和合理性。

Chapelle, Enright & Jamieson（2008, 2010）对解释性论证的效度验证模型提出了质疑，认为该模型在各推导过程中未能体现理论构念，但理论构念却是高风险考试效度验证中的重要构件。因此他们提出了专门用于新托福考试的效度验证模型（详见图 3.4），评估关于新托福考试中考生的考试表现能否衍推至对考试分数的使用（即是否具备在英语为母语国家学习的语言能力）。

图 3.4 列出了新托福考试效度验证结构中的六种推导过程，其中第一个推导过程为目标域描述（domain description），这是根据新托福考试的实际需要而增加的一个推导过程，通过目标域描述将目标语言使用域中考生表现与测试域中考生表现的观察相关联，确保新托福考试所考查的知识和技能与实际英语情境中所需能力相符。第二个推导过程为评估（evaluation），即通过观察考生在新托福考试中的表现得出考生目标语能力的观察分。第三个推导过程为概推（generalization），推导过程依据"观察分是对平行任务、考试、管理与评分条件综合作用下预期分的估算"（Chapelle, Enright & Jamieson, 2008）。第四个推导过程为解释（explanation），通过对预期分的解释得出理论上新托福考试所测的语言能力构念，这也是根据需求而新增的一个推导过程。通过把构念重新放入论证链中，以改进原有效度验证模型的构念不足问题。第五个推导过程为外推（extrapolation），即

通过对语言能力构念的外推得出真实语言使用情境中的目标分。第六个推导过程为使用（utilization），将目标分与考试使用相链接，包括学校录取决定、分班和英语教学建议等。每种推导过程都涉及运用 Toulmin（1958/2003）论证模型来评估理据与假设以及是否能得出上一级的主张。相比 Kane（2006）基于论证的效度验证模型，Chapelle, Enright & Jamieson（2008, 2010）的效度验证模型根据大规模高风险考试（新托福考试）的实际需要，增加了两个推导过程，即目标域描述与解释，延长了证据链，扩大了论证范围，需要收集更多的证据对假设和主张进行检验，确保考试效度，但这也反映出该效度论证模型的局限性，为新托福考试量身定制的模型并不一定适用于其他语言类考试。

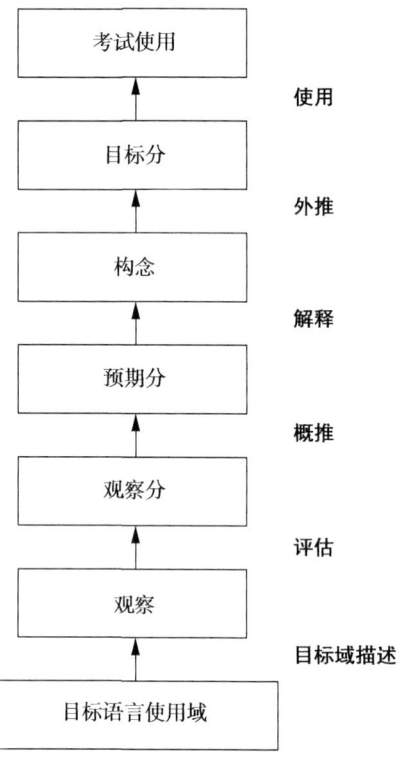

图 3.4　托福考试效度论证模型（摘选自 Chapelle et al., 2008）

第三章 写作测试的效度验证框架与方法 | 35

Mislevy 等人根据新托福考试设计与开发需要,提出以证据为中心的评估论证模型,强调效度验证中基于证据的论证(evidentiary argument),侧重 Toulmin 论证模型的逻辑推理,旨在澄清新托福考试所测构念,并对基于测试分数所作推论提供证据支持(Mislevy & Haertel, 2006; Mislevy et al., 2006)。该评估模型主要包括两大互补理念:其一为总括性评估概念作为不完全证据的论据;其二为评估中的各个结构层,最终在实际操作过程中把评估论据实例化(Mislevy, Steinberg & Almond, 2003; Mislevy & Haertel, 2006; Mislevy & Riconscente, 2006)。

该评估模型涵盖测试设计与开发过程以及效度验证的各阶段,主要包括以下五大步骤:域分析(domain analysis)、域建模(domain modeling)、概念性测试框架(conceptual assessment framework)、测试实施(assessment implementation)以及测试发布(assessment delivery)。

表 3.4 以证据为中心的评估论证模型(摘选自 Mislevy & Haertel, 2006)

结构层	作用
域分析	收集目标域中对测试有直接启示的各方面信息;知识是如何被建构、习得、使用与交际的
域建模	基于域分析的信息,以叙述方式表述评估论据
概念性测试框架	在任务与测试的结构与规范、评估过程以及测量模型中表述评估论据
测试实施	实施测试,包括演示就绪任务、校准测量模型等
测试发布	学生与任务的协调交互;任务及考试评分;分数报告

表 3.4 简要列出了以证据为中心的评估论证模型,其中第一个步骤为域分析,指对目标域的概念框架与结构框架的分析,需要收集对测试有直接启示的各类信息,主要涉及相关理论术语、工具、典型知识、使用情境、交际模式等,便于测试设计者与开发者了解目标域中所涉及知识、典型形式、任务特点、激发重要知识与策略使用的情境特点等,为其后的结构层作铺垫(Mislevy & Haertel, 2006)。第二个步

骤为域建模，按测试论证的先后顺序来组织域分析所收集到的信息与关系，这种组织方式被称为范式（paradigm），包括能力范式（即有关学生及其语言能力主张的结构组织）、证据范式（即学生言行中可能构成其语言能力的证据）、任务范式（即可能获取相关证据的情境）。该步骤的重点在于学生特征、学生言行特征以及测试任务与真实情境中学生表现之间的证据关联性。第三个步骤为概念性测试框架，规定了测试操作中涉及的各方面的技术事项，包括操作说明、操作规范、数理模型、标准制定等，并细化为五个模型，分别是学生模型（即规定对学生特征描述的变量）、任务模型（即有关学生数据的获取方法）、证据模型（即由证据模型的评估方面与测量方面的证据链来推断学生的知识与技能）、组装模型（即规定测试任务的选定标准）以及呈现模型（即规定测试任务呈现方式，限定测试任务与学生的交互作用以及获取学生表现等）（Mislevy, Steinberg & Almond, 2003）。第四个步骤为测试实施，具体执行概念性测试框架中的技术规范，包括设计任务、制定评分标准、评估测量模型的参数、固定测试形式、计算组卷参数等。第五个步骤为测试发布，涉及学生与测试任务间的交互作用、对学生测试表现的评估、分数报告以及对教学的反馈等问题。这五个步骤结合理论与实际操作，在测试设计、实施与发布过程中互相联系，相辅相成。

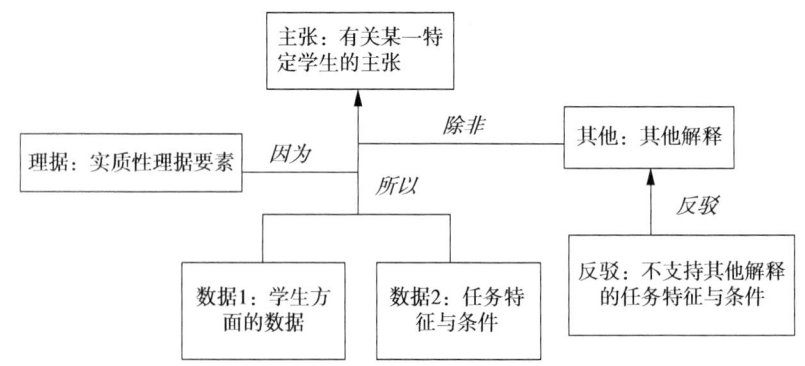

图 3.5 以论据为中心的评估论证模型
（摘选自 Mislevy, Steinberg & Almond, 2003）

以证据为中心的评估论证模型也同样运用了 Toulmin（1958/2003）的逻辑论证法。如图 3.5 所示：两类数据构成分数解释与使用的论据，以便对某一特定学生的语言能力作出合理推理。该推理链由主张（claim）、两类数据（data）、理据（warrant）、其他解释（alternative explanation）和反驳数据（rebuttal data）构成。在图 3.5 中，用于支持主张的两类数据是对考生表现的观察和激发学生任务表现的特定任务特征和条件；各类理据要素作为支持性证据，同时也需要其他解释或反对性解释的证伪。该模型虽然较为抽象，但因其复杂严密的逻辑推理和实用精确的测试设计指导而备受青睐（McNamara, 2006）。在测试设计与开发方面，该模型综合了以任务为中心的评估模型和以能力为中心的评估模型，也表明可以用一个单一的推理来链接考生表现与学生语言能力这一主张，对效度证据的举证有所启示（Chapelle, Enright & Jamieson, 2008）。然而，该模型仍具有一定的局限性，即未能考虑测试的社会维度（McNamara & Roever, 2006），也未涉及测试的使用及其后效问题（Bachman, 2005）。

鉴于上述 Kane 与 Mislevy 的效度验证模型仍有一定局限性，Bachman（2005）提出了"评估使用论证"框架，用以链接测试表现与分数解释及分数使用；随后，Bachman & Palmer（2010）进一步完善了这一推论框架（详见图 3.6）。该框架包括了后效、决策、考生语言能力的解释、测试记录以及考生在某一测试任务上的表现，并将各个推论有机联系起来，可用于测试开发（自上而下方向进行），为测试设计与开发提供理论与实践指导；也可用于测试解释与使用（自下而上方向进行），对测试进行效度验证。

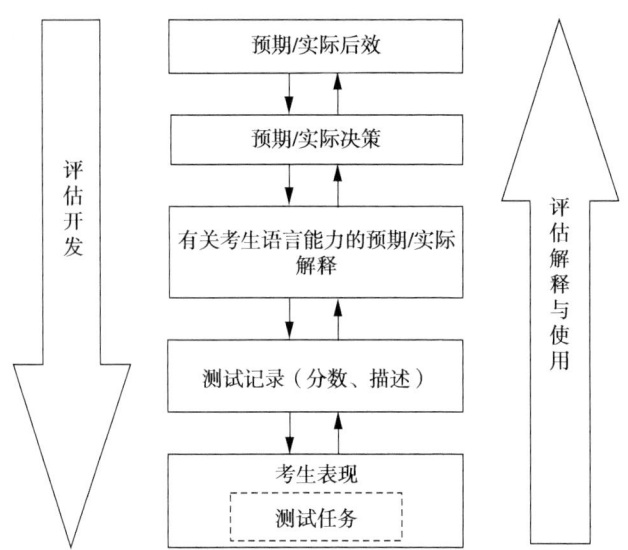

图 3.6 "评估使用论证"框架的推理链（摘选自 Bachman & Palmer, 2010）

"评估使用论证"框架基于 Toulmin（1958/2003）论证模型来评估每一个推论的效度证据和使用证据。该推理论证法包括五大要素，分别是主张（claim）、数据（data）、理据（warrant）、证据来源（backing）和反驳（rebuttal）。Bachman & Palmer（2010）对这些推理要素定义如下。

- 主张：基于数据的推论陈述和推论真实性的陈述；
- 数据：主张所依赖的证据；
- 理据：特定测试情境中有关主张真实性的详细解释；
- 反驳：反对或反驳主张真实性的陈述；
- 支撑证据：支撑理据或反驳的证据。

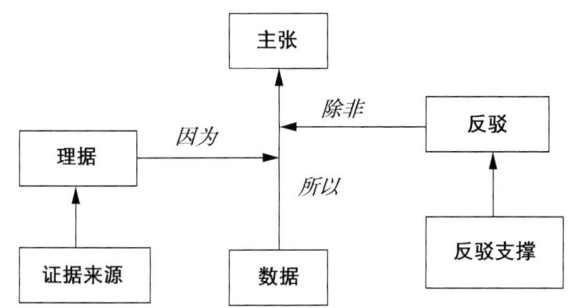

图 3.7　Toulmin 论证模型（摘选自 Bachman & Palmer, 2010）

图 3.7 描述了 Toulmin 论证模型，由六个论证要素和三个逻辑连接词（所以、因为、除非）互相联系且互相制约，即通过列举数据或事实证据来支持或反驳理据与主张，从而批判性地证实或证伪主张。基于"评估使用论证"框架的效度验证，依据 Toulmin 论证模型，不断拷问每一环节的理据与推论性主张，既可以提供证据支持理据与主张，也可以提出反驳证据来进行反驳。因此，相比其他仅采用证实主义方法的效度验证框架（如测试有用性框架、测试公平性框架、效度验证的社会认知框架等），"评估使用论证"框架结合了证实主义与证伪主义的方法（Cronbach, 1988），将各个重要的测试属性（如构念效度、真实性、互动性、情境效度、评分效度等）通过 Toulmin 的逻辑论证与具体的主张与理据有机地关联起来，能更客观全面地评估主张的真实性，有效促进效度验证的开展。

相比其他基于论证的效度验证模型，如解释性论证、新托福考试效度论证模型、以证据为中心的评估论证模型等，虽然都强调对基于测试分数的解释和使用提供证据支持，但出于不同的设计理念，都未能详细划分测试使用中的复杂环节，即未能区分测试使用中的决定与后效环节，或是把两者混为一谈（如解释性论证），或是避而不谈（如以证据为中心的评估论证模型），不利于相关证据的收集与举证。"评估使用论证"框架则是将决定和后效列为其中两大测试属性，相互联系，但又分别具有不同的解释意义。

相较于其他语言测试效度验证的新视角，如语言测试的伦理问题

(Stansfield, 1993; Davies, 1997; Lynch, 1997)、批判语言测试（Shohamy, 1998, 2001）、语言测试的社会维度（McNamara, 2006, 2007; McNamara & Roever, 2006）等，这些概念虽然弥补了主流效度验证框架的缺漏与不足，但从实际操作来看，仅侧重效度问题中的某一方面，具有孤立性，因而不宜作为效度验证的大框架。而"评估使用论证"框架尝试整合了各种视角，如将测试公平性、问责等测试的社会问题融入整个效度验证框架中，更具可操作性。

鉴于"评估使用论证"框架具有上述优点，本研究拟采用该框架作为综合写作测试效度验证的理论框架，并将在以下的文献综述中结合综合写作测试的构念，详述"评估使用论证"框架的结构与主张及其在本实证研究中的应用。

3.3 综合写作测试的构念

二语/外语综合写作测试中结合了听或/和读、写等技能，使所测构念变得更加复杂，是测试学界聚焦的热点问题之一。虽然已有少量研究致力于探讨此问题，但学习者的外语写作能力仍是一个黑匣子。相关研究包括：Delaney（2008）通过探讨读写结合测试的构念，认为综合写作测试构念较为独特，与阅读理解能力有弱相关，与独立写作（没有提示材料的写作）能力无关。Cumming et al.（2005）在对比综合写作任务与独立写作任务后，界定综合写作任务涉及理解层面的复杂认知能力、识读能力、理解语言能力和写作层面合理有效使用提示材料的能力，具体体现在对提示的认知处理（理解、合成并呈现原文观点）和写作规范的把握（摘抄、引用与注明出处的写作规范）上。Plakans（2009a）通过考查读写结合测试任务中考生的写作过程，建议把文本的组织、筛选与整合能力纳入学术写作能力这一构念。基于上述对综合写作任务构念的不同界定，有必要探讨此类任务的构念问题，以确保对测试分数的有效解读与使用。

本研究中的综合写作任务来源于"外研社杯"全国英语写作大赛的议论文写作部分。该写作大赛共涉及三类写作任务，分别是记叙文写作、议论文写作和说明文写作，其中议论文写作的题型是为考生提供一段200-300词的英文阅读材料作为写作提示，要求考生在规定时间内完成一个英文议论文写作任务（复赛为500词，决赛为800词），属于读写结合的综合写作任务。在所公布的大赛章程中并未明确说明该综合写作任务所要测量的构念，经与测试研究专家对公布的比赛章程、比赛内容与要求以及评分标准反复探讨，我们对该比赛中综合写作任务及构念定义做如下说明：

"外研社杯"全国英语写作大赛由外语教学与研究出版社、教育部高等学校大学外语教学指导委员会、教育部高等学校英语专业教学指导分委员会联合举办，启动于2012年，并于次年在全国范围内推广，由全国各高校大学生自主自愿参赛。根据比赛章程（http://writing.unipus.cn/2015/notice/419624.shtml），该写作大赛旨在测量高校学生的英语作为二语/外语的写作能力，提高学生的英语写作水平，推动英语写作教学，并引领高校外语写作教学的改革与发展。至此，可以推断"外研社杯"全国英语写作大赛侧重于测量教育情境以及真实交际环境下的英语写作能力。根据比赛简介（附录1），议论文写作任务（或综合写作任务）侧重考查学生的英语语言能力，包括文献理解能力、信息综合处理能力、分析判断能力、逻辑思辨能力、评价论述能力等，并最终得出对学生综合语言能力的评估，包括知识广度、思想深度与视野维度。至此，本研究的综合写作任务可以归纳为测量学生合理有效处理写作提示的综合写作能力。根据议论文写作评分标准（附录2），议论文写作任务采用分项评分，且各项赋分权重不同：内容/思想（40%）、结构/发展（30%）、语言（30%）。其中内容/思想分项要求作文切中题意，观点明确并有深刻见解，论据充实，论证严密；结构/发展分项要求作文段落组织有序，衔接紧密，通顺流畅且逻辑严密；语言分项要求无拼写及语法错误，句式使用恰当灵活，用词确切得体。至此，从各项评分标准来看，该写作任务侧重评估学生的综合写作能力，尤其是对提示信息的有效处理以及对观点的严密论证。

基于上述对比赛章程、比赛内容与要求以及评分标准的探讨，我们对该大赛中综合写作任务的构念定义如下：**测量考生基于提示展开逻辑论证、遣词造句娴熟得体的综合写作能力**。这一定义为我们后续开展的效度验证工作提供一定的参考与指导。

3.4 综合写作测试的效度验证框架

相对于其他效度验证框架，"评估使用论证"框架因其具有较多优势而被选为本研究中效度验证的理论框架，用以检验"外研社杯"全国英语写作大赛中对综合写作任务基于分数所作的解释与推断是否有效。结合上文对综合写作测试构念的探讨与界定，我们将详述本研究中对"评估使用论证"框架的具体应用。

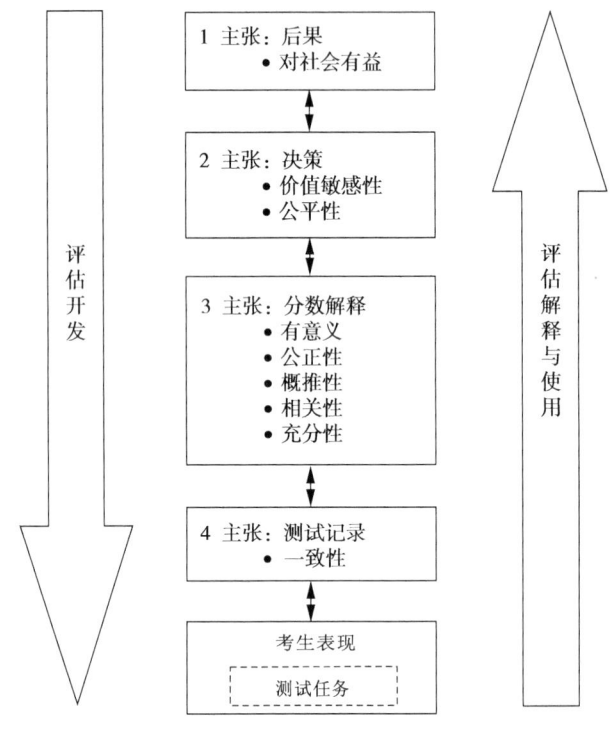

图 3.8 "评估使用论证"框架的主张（摘选自 Bachman & Palmer, 2010）

"评估使用论证"框架通过四大主张，有效地将测试后果（consequences）、决策（decisions）、分数解释（interpretations）、测试记录（assessment records）以及考生表现（test taker's performance）有机联系起来（详见图3.8）。每个主张均通过 Toulmin（1958/2003）论证模型（图3.7）中的理据与反驳来展开证实或证伪。Bachman & Palmer（2010）对各个主张的解释如下。

- 主张1：一项测试的后效以及基于测试所作的决策对所有测试相关者均有益（beneficence）；
- 主张2：基于分数解释所作出的决策考虑了社会价值观与相关法律法规要求（values sensitivity），并且该决定对所有测试相关者都是公平的（equitability）；
- 主张3：对所评估的能力的解释是有意义的（meaningfulness）（考虑到某一特定的课程大纲、目标语域中所考查的能力、语言能力的理论、或以上几点的任意组合），该解释对所有考生是公正的（impartiality），能概推至目标语域中的能力（generalizability），与所要作的决策相关（relevance），并能充分支持所要作的决策（sufficiency）。
- 主张4：在不同的测试任务与测试过程以及不同的考生群体中，测试记录（分数或描述）具有"一致性"（consistency）。

从图3.8两个相向的大箭头可见，在测试开发阶段，应遵循自上而下的顺序，即首先需要考虑测试结果的使用对整个社会是否有益，最后才考虑测试记录是否具有"一致性"；而在对测试结果进行解释以及使用测试结果时，应遵循自下而上的顺序，即首先需要考虑的是测试记录的"一致性"，最后才考虑测试后果的裨益。

若要完整地对一项测试进行效度验证，将涉及从考生表现到测试后果的线性循环论证，但这超出了本书实证研究部分的范围。鉴于上述章节中所探讨的研究问题与综合写作测试的构念问题，本书的效度验证研究主要涉及"评估使用论证"框架中关于测试记录（主张4）和测试分数解释（主张3）部分。具体而言，关于提示固有特征对综合写作表现的影响研究，效度验证涉及主张3中对所测能力的解释是否有意义，即检验对综合写作测试所考查能力的解释是否有意义；关于考生对提示特征的认知对综合写作表现的影响研究，效度验证也涉及主张 3 中对所测能力的解释是否有意义，即检验考生对提示特征的认知是否会影响其写作表现，是否会影响所考查的语言能力；关于评分员对提示特征的认知对综合写作评分的影响研究，效度验证则涉及主张 4 中测试分数的"一致性"，即检验评分员对提示特征的认知是否会影响其评分决策，是否会影响分数记录的"一致性"。虽然本书的实证研究仅涉及主张 3 中对分数的解释是否有意义以及主张 4 中测试记录的"一致性"，但这两大属性在分数解释与使用中至关重要，作为效度验证流程中的基础环节，只有确保主张 4 和主张 3 中对所测能力所作的推论是有效的，才能有主张 2 和主张 1 有关测试结果的使用与后果的推论。

鉴于 Toulmin（1958/2003）论证模型是"评估使用论证"框架的基石，本研究将致力于收集支持主张和理据的事实与证据，同时也接受反驳证据来证伪主张。就具体的研究问题而言，支持主张的理据应该是不同评分员认知影响下不同考生群体的写作得分具有"一致性"，并且综合写作测试所考查的能力与所定义的构念一致。支撑理据的证据来源可以是评分员按照评分标准不偏不倚地评分、考生的英语语言能力是影响其写作表现的主要因素等。同时反驳证据也可反驳主张，如各维度的提示特征对考生写作与评分员评分产生了某种影响。总而言之，综合写作测试的效度验证同样也是一个不断举证论证的过程，需要各维度证据来验证测试分数的解释与使用，而本书的实证研究部分将依据"评估使用论证"框架来开展效度验证。

3.5　效度验证方法

语言测试结果的呈现往往是量化的数字，对数字的处理与整合则离不开统计分析方法，可以说语言测试是一门偏量化研究的学科。随着统计方法的不断完善与更新，许多具有较强稳健性的量化分析方法可用于效度证据的收集，如准则参照测量法（criterion-referenced measurement，简称 CRM）、概化理论（generalizability theory，简称 G-theory）、项目反应理论（item response theory，简称 IRT）、结构方程模型（structural equation modeling，简称 SEM）、多维标度法（multidimensional scaling，简称 MDS）、探索性因子分析（exploratory factor analysis，简称 EFA）、多层线性模型（multilevel linear modeling，简称 MLM）等。由于单一的定量分析和视角可能对数据解读具有一定局限性，有时甚至可能解读出带有误导性的数据，Bachman（2000）建议补充定性分析。语言测试研究中已采用了许多自然主义的定性分析方法，如专家判断法、内省法、口头报告法、观察法、问卷法、访谈法、文本分析、会话分析以及话语分析等。目前语言测试领域已有越来越多的研究采用定量与定性相结合的研究方法，有利于较全面地评估所作推论的有效性。本研究也采用定量与定性相结合的研究方法进行效度验证，其中定量方法包括文本特征计量工具 Coh-Metrix（用于分析考生作文中浅层及深层的文本特征）、多层线性模型（用于测量考生个体层面因素与不同背景层面因素的关系）、结构方程模型（进一步测量考生对提示的认知与其写作表现的关系）以及多层面 Rasch 模型（用于诊断评分员的评分决策，包括评分严厉度、评分标准把握严厉度、偏差交互等）。定性方法包括问卷法（用于采集考生与评分员对提示的认知的信息），并结合 Coh-Metrix 提取的定量特征进行定性分析。本研究中，相比定性方法，定量方法略显复杂，因此本节主要介绍文本特征计量工具 Coh-Metrix、多层线性模型、结构方程模型与多层面 Rasch 模型，涉及基本概念、操作步骤及其在语言测试中的应用。

3.5.1 Coh-Metrix 文本分析工具

随着学科间的相互交叉与相互渗透以及人工智能领域的不断发展，自然语言处理方法越来越复杂，往往是多个学科间的交叉融合，如计量语言学（Mitkov, 2005; Clark, Fox & Lappin, 2013）、语料库语言学（McEnery & Wilson, 2001; Biber & Reppen, 2015）、语篇处理（Graesser, Gernsbacher & Goldman, 2003; Alexandersson, Becker & Pfleger, 2006）、信息检索（Croft & Lafferty, 2003; Manning, Raghavan &

Schütze, 2008)、信息处理(Sarawagi, 2007; Masaum et al., 2012)等。McNamara & Graesser(2012)指出当前自然语言处理手段的兴起主要是基于以下三个理论与应用方面的需求：1)缺乏对各种语言及其语言特征进行全面测量的分析工具；2)缺乏对文本可读性的创新性测量；3)缺乏对文本连贯性的自动化测量。作为自然语言处理技术的最新成果，Coh-Metrix 就是为了解决这三个实际问题应运而生的。

Coh-Metrix(3.0版本)通过添加各语言处理模块来进行复杂运算，以自动挖掘文本中的信息，涉及词汇模块(Coltheart, 1981)、词性分类模块(Marcus, Marcinkiewicz & Santorini, 1993; Brill, 1995)、句法分析模块(Charniak, 1997)、潜在语义分析模块(Landauer & Dumais, 1997)、语料库模块(Baayen, Piepenbrock & Gulikers, 1995)、共指衔接模块(Kintsch & van Dijk, 1978)以及计量语言学模块(Jurafsky & Martin, 2000)等。所提取的文本信息达108项(包括文本中的语言特征与话语特征)，分属11个大类，即描述性指标(descriptive indices)、文本主成分易读性(text easability principle component scores)、指称连贯性(referential cohesion)、潜在语义分析(latent semantic analysis，简称LSA)、词汇多样性(lexical diversity)、连词使用(connectives)、情景模式(situation model)、句法复杂度(syntactic complexity)、句法组构密度(syntactic pattern density)、词汇信息(word information)和文本可读性(readability)。Graesser et al. (2004)以及McNamara & Graesser(2012)对这11个文本特征大类的定义与具体解释如下：

- 描述性指标：即描述性的文本特征统计值。下设有11项指标，如文中段落数、句子数、词数、句子平均词数、单词平均音节数、单词平均字母数等。
- 文本主成分易读性：即多层面语言与语篇中有关文本易度或难度的新计量值。下设有16项指标，如文本叙事性、句法简洁性、指称衔接、深层衔接、动词衔接、时序性等。
- 指称连贯性：即关于实词句间重叠与共指的计量值。统计范围覆盖段落中各句与全文中各句，下设有12项指标，如句间名词重叠率、句间论元重叠率、词干句间重叠率、实词句间重叠率、句间回指重叠率等。
- 潜在语义分析（LSA）：即关于句间或段落间语义重叠的计量值。下设有 8 项指标，如 LSA 相邻句语义承袭性、LSA 段落中所有句子间的语义承袭性、LSA 相邻段落语义承袭性、LSA 句间语义承袭性等。
- 词汇多样性：词汇使用的丰富性，即文本中不重复计算的词数（类符）与文本中可重复计算的所有词数（形符）之间的关系。下设有 4 项不同维度的词汇多样性测量指标，如易受文本长度影响的类符形符比 TTR（实词与所有词）、不受文本长度影响的词汇多样性统计值 MTLD（Measure of Textual Lexical Diversity）以及随机反复取样所获取的类符形符比均值的 VocD。
- 连词：即连接观点与从句的不同连词的使用。下设有 9 项指标，其中 5 项源于 Halliday & Hasan（1976）及 Louwerse（2001）所定义的一般连词，分别为因果、逻辑、转折、时间顺序与增补等五种语义连词；其他还有条件关系连词、肯定连词、否定连词等。
- 情景模式：即关于特定语境所激活的心理表征层级的计算值。下设有 8 项指标，主要从认知层面来计算动词、意向性动词与行为动词、时与体等的心理表征，如意向性实词、意向性衔接词、时间性衔接词、LSA 动词语义重叠率、基于 WordNet 认知词网的动词语义重叠率等。
- 句法复杂度：即对短语、语块、从句与句子在句法上的复杂度评估。下设有 7 项指标，如左嵌入句、用于修饰名词短语的修饰词、最小编辑距离、句法相似度等。
- 句法组构密度：另一种句法复杂度的计算维度，具体评估特定句法结构的密度。下设有 8 项指标，如名词短语密度、动词短语密度、副词短语密度、介词短语密度、无施事被动语态密度等。
- 词汇：根据不同词性类别来划分词汇，下设有 22 项指标，有基础词性类别的名词、动词、形容词、副词等，还有其他深层的词汇信息统计值，如词汇熟悉度、词汇具体性、词汇意象性、一词多义与词汇上义关系等。

- 文本可读性：评估文本阅读难度的指标。下设有3项常用指标，分别是Flesch易读性指标、Flesch-Kincaid等级水平指标、Coh-Metrix二语可读性指标。

基于以上各深层及浅层的文本特征指标，可见Coh-Metrix分析工具具有如下两大优势：第一，该分析工具能较全面地展现写作文本中复杂的语言特征，包括浅层的描述性文本特征以及更深层的语义特征；第二，该分析工具全程通过算法统计，避免了人工标注的误差与评判一致性问题，快捷高效且有信度保证。因此，在写作测试领域，Coh-Metrix具有较大的应用价值，有利于保证文本分析的信度，也有利于加深我们对写作能力的理解。

事实上，Coh-Metrix在英语写作测试领域的应用价值已被多项研究所证明，主要用于检测Coh-Metrix所提取的文本特征对写作得分/水平的预测程度（如Crossley & McNamara, 2012; Crossley, Kyle & McNamara, 2016; Crossley, et al., 2011; Riazi, 2016）与对写作风格的划分（如Crossley, Roscoe & McNamara, 2014）。具体而言，Guo, Crossley & McNamara（2013）发现Coh-Metrix所提取的文本特征对独立写作与综合写作得分有显著的预测作用。McNamara et al.（2015）综合三大文本特征分析工具（Coh-Metrix、写作评估工具WAT和语词计算工具LIWC）所提取的文本特征，对美国学术能力评估测试（SAT）分数的预测精度超过55%。Crossley & McNamara（2012）也借助Coh-Metrix的文本特征成功区分了不同水平的写作样本。此外，Crossley, Roscoe & McNamara（2014）用Coh-Metrix所提取的部分文本特征对不同写作风格的作文进行分类，准确率高达85%。

综上，Coh-Metrix从定量视角分析文本特征，能检测到文本中的各深层和浅层特征，在写作测试研究中应用较广，但这一分析工具有其局限性。Coh-Metrix无法识别拼写错误，会影响对深层语义的分析与解读。为便于机器解读语义层面的文本特征，我们对作文样本中的拼写错误进行了修正。Coh-Metrix 分析工具的这一问题应该成为未来软件改进的一个方向。

3.5.2 多层线性模型

在社会科学研究领域，许多问题都呈现为多水平、多层级的数据结构，最典型的教育研究实例为学生嵌套于班级，班级嵌套于学校，而学校则可能又嵌套于地区。传统上以个体层次的线性分析方法来分析此类社会现象或教育现象的模型逐渐受到质疑。近年来，为解决数据结构的嵌套与层级问题，研究人员倾向于使用多层线性模型（MLM），以区分个体层级与背景层级的自变量，并探讨不同层级自变量对因变量的影响。多层线性模型，又被称为多层回归模型（multilevel regression model: Hox, 1998）、层阶线性模型（hierarchical linear model: Bryk & Raudenbush, 1992）、随机系数回归模型（random coefficient regression model: Longford, 1993; Tabachnick & Fidell, 2007）、随机成分模型（random component model: Longford, 1993）等，所有这些不同层级模型的具体统计类别都可以归纳为多元回归统计和结构方程模型（Luke, 2004），而本研究中的多层线性模型分析部分则关注前一种统计路径，即多元回归统计。

在采用多层线性模型进行数据分析时，Peugh（2010）列出了以下六大操作步骤，分别为研究评估、模型设定、零模型（unconditional model）构建、一层模型（level-1 model）构建、二层模型（level-2 model）构建和模型解释。以下我们将简要介绍这六个步骤，并指出操作中需要注意的问题。

第一步，需要考虑研究问题并确定是否需要采用多层线性模型作为分析方法。建立多层线性模型并不一定是最好的解决办法，研究者应考虑具体的研究问题、分析方法（解释性或是验证性）、分析重点（参数估计或是建立模型或是预测），再根据研究的需要来建立模型（Harrell, 2001）。经评估后，一般是自下而上建立模型，即从第一层次的个体自变量出发，当第一层次被满足时，考虑潜在的第二层次的背景自变量。

第二步，在对模型进行设定时，需要考虑采用哪种参数估计的统计方法以及哪种类型的模型。研究者通常采用的参数估计法为极大似然估计法（maximum likelihood）和限制性极大似然估计法（restricted maximum likelihood），两者的差别在于对方差分量的不同计算，即前者在小样本数据中不考虑固定效应的自由度而导致随机效应估计的偏误较大，后者则考虑固定效应的自由度因而能得出相对于前者方法偏误较小的随机效应估计。但在实际计算中几乎会给出完全相同的固定效应估计，结果差异非常细微，几乎不会有任何不同的模型建构与解释（Luke, 2004）。在多层线性模型软件（如 SPSS、SAS 等）中通常把限制性极大似然估计法作为模型参数估计的默认设置。此外，在选择模型类型时，通常有固定模型和随机模型，两者会在算法上有差别，如随机截距模型中的截距是随机的因而允许有变化，但斜率是固定的；而随机斜率模型中的斜率是随机的，但截距是固定的。

第三步，基于上述两步准备后可构建零模型（又名无条件模型、空模型、基线模型等），评估是否有必要对数据进行多层线性建模，即反映因变量的总体变异中有多大比例是由二层单位的变异引起的。通常情况下用于衡量的指标为组内相关系数（intra-class correlation，简称 ICC），是测量因变量的方差中被组别（二层单位）所解释的部分（Luke, 2004），较高的组内相关系数值表明一层单位间的互相独立以及二层单位之间的变异（Hayes, 2006; Peugh, 2010）。以下是零模型：

$$y_{ij} = \beta_{0j} + e_{ij}$$
$$\beta_{0j} = \gamma_{00} + u_{0j}$$
$$\text{因此 } y_{ij} = \gamma_{00} + u_{0j} + e_{ij} \tag{3-1}$$

其中 y_{ij} 表示第 j 个二层单位的第 i 个个体因变量的观测值；

β_{0j} 表示第 j 个二层单位中因变量的截距；

e_{ij}（或 r_{ij}）表示第 j 个二层单位第 i 个个体的测量误差；

γ_{00} 表示总截距；

u_{0j} 表示总截距中二层单位变量上的斜率误差。

以上为随机截距模型，$\beta_{0j}(\gamma_{00} + u_{0j})$ 是由固定截距 γ_{00} 和随机截距 u_{0j} 构成的随机截距，将总分变异分割为个体变异（e_{ij}）和二层单位变异（u_{0j}），并可用于估算组内相关系数（ICC），评估是否有必要进行下一步的数据分析，具体公式如下。

$$ICC = \tau_{00} / (\tau_{00} + \sigma^2) \tag{3-2}$$

其中 τ_{00} 是对 u_{0j} 的估计值；σ^2 是对 e_{ij} 的估计值。

如果组内相关系数接近于零，表明没有必要进行多层线性建模；如果组内相关系数大于零，表明可以但并非必须进行多层线性建模，还应参考其他数据分析结果。

第四步，基于零模型分析判断必要性后可构建一层模型，即建立一个只含第一层预测因素的简单模型。以随机截距模型为例，假设第一层模型中只涉及一个预测因素，一层模型表达式可表述如下（Luke, 2004; Hayes, 2006; Tabachnick & Fidell, 2007; Peugh, 2010）：

$$y_{ij} = \beta_{0j} + \beta_{1j} x_{ij} + e_{ij}$$
$$\beta_{0j} = \gamma_{00} + u_{0j}$$
$$\beta_{1j} = \gamma_{10} + u_{1j}$$
$$\text{因此 } y_{ij} = \gamma_{00} + \gamma_{10} x_{ij} + u_{0j} + u_{1j} x_{ij} + e_{ij} \tag{3-3}$$

基于零模型的解释，其中所增加的值为：

x_{ij} 表示一层预测变量；

β_{1j} 表示一层预测变量与自变量之间的第 j 个二层单位中的斜率；

γ_{10} 表示一层预测变量与自变量之间的斜率的回归系数；

u_{1j} 表示总斜率中二层单位变量上的截距误差。

上述模型用于测量一层预测因素对因变量分数方差变异的影响程度，其衡量指标为斜率方差的显著性值以及一层预测因素的截距—斜率协方差值。如果发现一层模型中的方差变异都大于零，说明仍存在较多的方差未被模型化，因此可以引入二层自变量（Luke, 2004; Peugh, 2010）。

第五步，基于一层模型中未被模型化的方差变异，可引入一个或多个二层预测变量，构建二层模型，以解释方差变异。但在二层截距与斜率模型中增加预测因素有许多需要考虑的因素：1）如果没有一层预测变量但有二层预测变量，建议采用二层截距模型；2）如果一层预测变量有一个或多个且有二层预测变量，采用何种模型则由研究问题决定，如果研究问题涉及跨层交互，可采用二层截距与斜率模型，以测得二层预测变量的主效应估计与交互作用；如果研究问题不涉及跨层交互，可采用二层截距模型，以测得二层预测变量的主效应估计（Peugh 2010）。下文我们将以二层截距与斜率模型为例，将二层预测变量 w_j 置入该模型（Luke, 2004; Peugh & Enders, 2005; Hayes, 2006）：

$$y_{ij} = \beta_{0j} + \beta_{1j} x_{ij} + e_{ij}$$
$$\beta_{0j} = \gamma_{00} + \gamma_{01} w_j + u_{0j}$$
$$\beta_{1j} = \gamma_{10} + \gamma_{11} w_j + u_{1j}$$

因此 $y_{ij} = \gamma_{00} + \gamma_{01} w_j + \gamma_{10} x_{ij} + \gamma_{11} w_j x_{ij} + u_{0j} + u_{1j} x_{ij} + e_{ij}$ (3-4)

第六步，基于以上模型构建，通过模型拟合度检验，对产出数据进行解释与探讨。在检验模型与数据拟合是否紧密时，主要参考偏差和判定系数 R^2。偏差是对数据和模型间未被拟合部分的测量，常用于多个模型之间的比较；但当模型引入更多参数时，采用判定系数 R^2 以更精确衡量模型的拟合度（Luke, 2004）。依据对模型拟合的判断，探讨模型中自变量对因变量的解释力度。相比单层回归分析或方差分析，多层线性模型具有以下优势：1）利用多层数据来回答单层数据的问题，改善单层回归的估计和分析，解释多层嵌套数据间的相互联系（Hayes, 2006）；2）对回归系数与标准误的测算更精确更公正（Hox, 1998）；3）允许在各层模型中引入预测变量，可处理多层背景跨度或地域跨度或时间跨度的数据（Hayes, 2006）。

多层线性模型在教育评估领域的应用越来越普遍，张雷等人（2003）指出该模型应用范围较广，如可用于组织和管理研究，对个体进行追踪、多次观测的发展研究以及教育研究中的组织与追踪性研究等。在教育相关研究中，多层线性模型主要用于探讨背景因素（如课程层面、学校层面、区域层面等）与学生表现间的关联，如 McCoach 等人（2014）追踪观测了三类课程对学生数学成绩的影响，

McCutchen 等人（2014）考查了不同的英语词法课程对儿童写作的影响，Shin, Slater & Backhoff（2012）探讨学校相关因素（如校长的管理理念、教育理念、测试结果使用等）与学生阅读表现之间的关系等。而在语言测试领域，多层线性模型的应用还不是很广泛。有少量研究用此方法观察背景因素与学生考试得分的关系，如 Cho, Rijmen & Novák（2013）采用多层线性模型评判各地区不同时间段的托福考试综合写作成绩是否具有可比性，Barkaoui（2010）则用该方法考查了评分员经验因素与作文特征因素对学生英语作文得分的影响。

综上，相较于经典单层统计分析，多层线性模型能解决数据嵌套的复杂问题，通过分解群体层次因素与个体层次因素来实现不同层次因素的精确测量。目前已有多种软件可用于多层分析，如 SAS、SPSS、Mplus、S-Plus、HLM、MLwiN 与 SYSTAT。在本研究的多层线性模型分析中采用的是 SPSS。

3.5.3 结构方程模型

结构方程模型（structural equation modeling，简称 SEM）早期也被称为线性结构关系模型（linear structural relationship model）、协方差结构分析（covariance structural analysis）、验证性因子分析（confirmatory factor analysis）、潜在变量关系分析（latent variable analysis）等，通常是在理论或经验法则的导引前提下，基于变量的协方差矩阵来分析变量之间关系的一种复杂统计模型（侯杰泰、温忠麟、成子娟，2004）。简单来说，结构方程模型包含多种统计方法，如因子分析、路径分析、结构模型等，用于检验模型中包含的显性变量、潜在变量、干扰或误差变量间的关系，进而获取自变量对因变量影响的直接效果、间接效果或总效果（吴明隆，2009）。

在使用结构方程模型时，通常涉及五个步骤，分别是模型设定（model specification）、模型识别（model identification）、模型估计（model estimation）、模型评估（model evaluation）以及模型修正（model modification）（Bollen & Long, 1993; Kunnan, 1998; Kline, 2005; Weston &

Gore, 2006）。本研究中的结构方程模型设计也依照该步骤展开，下文我们将简要介绍这五个分析步骤。

第一步，模型设定，即模型的构建。由于结构方程模型是一种基于理论导引前提下的假设模型检验，因而需要依据相关理论来构建假设模型，同时还需契合实际取样收集的数据特点。结构方程模型一般由测量模型与结构模型构成，研究者需要明确测量模型中观察变量与潜在变量之间的关系，以及结构模型中潜在变量之间的直接与间接关系。通过对比不同的竞争模型，最终确立假设模型。

第二步，模型识别，涉及所要检验的信息（自由估计的参数）与可用于检验的信息（观测方差与协方差）之间的契合关系（Hoyle, 1995）。模型识别需要满足三个条件：1）数据点多于所要检验的自由估计的参数；2）每个潜在变量对应两个或以上的观察变量；3）为每个潜在变量设定尺度（Ockey & Choi, 2015; 何莲珍、闵尚超, 2016）。按模型识别结果来看，模型共分为低度识别（under-identified）、适度识别（just-identified）以及过度识别（over-identified）等三种模型，检验公式为 $p(p+1)/2$，其中 p 模型中观察变量的数量。

第三步，模型估计，是对模型中所有自由参数进行估计。在结构方程模型内设多种参数估计法，常用的有极大似然法（maximum likelihood）、未加权最小平方法（unweighted least squares）、综合最小平方法（generalized least squares）等。其中极大似然法要求数据符合多变量正态性假设；未加权最小平方法则不需要数据符合某种统计分布的假设，估计结果较为稳定；综合最小平方法在数据符合多变量正态性假设时，与极大似然法的估计接近，当其数据违背该假设时，在使用上仍有强韧性（吴明隆, 2009）。不同的结构方程模型软件在参数估计法的设定上略有不同，最终得出的模型拟合度与参数估计值也会有所差异，但目前语言测试研究中最常采用极大似然法作为参数估计法（Ockey, 2014）。本研究中结构方程模型的模型估计也采用了极大似然法。

第四步，模型评估，即基于模型的参数估计，评估假设理论模型与实际观察数据间的拟合程度。模型拟合程度的评估需要参考不同的拟合度指标来进行综合判断，通常会参考如下指标：卡方检验值（chi-square statistic）、标准化残差均方根（standard root mean square residual，简称 SRMR: Bentler, 1995)）、渐进残差均方根（root mean square error of approximation，简称 RMSEA: Steiger, 1990)）、适性拟合指数（goodness of fit index，简称 GFI: Jöreskog & Sörborn, 1981）、调整后适性拟合指数（adjusted goodess of fit，简称 AGFI: Jöreskog & Sörborn, 1981）、比较拟合指数（comparative fit index，简称 CFI: Bentler, 1990）、Tucker-Lewis 指数（Tucker-Lewis index，简称 TLI: Tucker & Lewis, 1973）、赤池信息准则（Akaike information criterion，简称 AIC: Akaike, 1987）等。

第五步，模型修正，即根据模型与数据的拟合程度，对模型进行适当修正，改善模型拟合度。模型的具体修正可参考模型拟合数据的 LM 检验（Lagrange Multiplier statistics）和 Wald 检验（Wald statistics），如限定结构参数、设定某些误差项的相关等。需要注意的是，在模型修正过程中，如果没有理论基础，一味追求数据最优化，变成数据驱动，而非理论驱动，则容易使修正后的模型在一个特殊样本中适用，但却不适用于另一组样本（MacCallum, 1995）。Ockey & Choi（2015）也指出应尽量避免模型修正，因为以数据驱动的模型往往具有随机性，不具有可解释性和可复制性。

相比其他统计方法，结构方程模型具有以下优势：1）验证性地分析潜在变量与观察变量之间的关系（测量模型）以及潜在变量之间的关系（结构模型），进而检验理论模型或假设模型的适当性（Tomarken & Waller, 2005）；2）精确测量自变量与因变量的测量误差与参数，具有较大的理论意义，保证参数上的跨群体一致性（Yuan & Bentler, 2009）；3）模拟多元关系的拟合程度，并评估点间或区间的间接效应（Byrne, 2010）。

在量化研究的多变量统计方法中，越来越多的研究者采用结构方程模型来验证各类假设模型。在语言测试研究中结构方程模型的应用也越来越多，用于检验测试相关变量间的复杂关系。如 Yang（2016）采用该方法考查了考生特征（图表熟悉度、英语写作能力、内容知识）与其看图写作表现的关系；Harsch & Hartig（2016）也采用该方法对比了两种测试题型（即基于上下文的完形测试题型与脱离上下文的是/非判断题型）对接受性语言技能的解释力度；Zhang, Goh & Kunnan（2014）基于理论与经验构拟了考生元认知及认知策略使用与其英语阅读表现的关系模型；Yang & Plakans（2012）构建了二语学习者的写作策略与其综合写作表现之间的关系模型。

综上，结构方程模型是社会科学领域量化研究的重要统计方法，在语言测试领域也广受青睐，但也不可避免地存在一定的局限性。Kunnan（1998）指出在解释结构方程模型的统计结果时，需要注意两类问题：模型的不完整性（incompleteness）与最佳模型的不可确定性（undecidability）。前者指模型完整性评估具有难度，研究者需要参考大量文献与相关研究结果以评估模型的完整性；后者指从两个或多个竞争模型中选取最佳模型有难度，即在两个或两个以上的竞争模型具有相似的拟合指数时，研究者需要参考相关理论与研究以便选出最佳模型。可用于结构方程模型分析的统计软件有不少，如 LISREL、EQS、AMOS、Mplus、SIMPLIS、LISCOMP、Mx、Statistica、COSAN 以及 SAS 的 PROC CALIS。鉴于 AMOS 简易的操作界面以及与 SPSS 数据文件可以完全互通，本研究中使用的是 AMOS 软件。

3.5.4 多层面 Rasch 模型

从语言测试与评估的发展阶段来看，传统的试题难度估计与考生能力估计分别通过考生对试题的答对率与考生的测试得分来定义，取决于试题和考生样本，不具有客观性、科学性。而经典 Rasch 模型（Rasch, 1960/1980）被提出的初衷则是希望解决这一问题，通过考生的作答反应，得到客观的等距量尺，即假设考生在某道题上的表现是一个概率事件，取决于考生能力与试题难度。随着测试技术的更新与语言运用测试的发展，越来越多的研究者发现考生在某道题上的表现受到许多因素的影响，如考生语言能力、考生年龄或性别、试题难度、评分员的评分行为以及评分标准设定等因素，至此多层面 Rasch 模型（multi-faceted Rasch measurement，简称 MFRM）开始用于语言运用测试研究。通过将考生语言能力、试题难度、评分员、评分标准等层面（facet）统一到同一个量尺上，以推算考生能力与试题难度的关系、考生间的差异、试题间的差异以及评分员之间的差异等。

多层面 Rasch 模型用于语言运用测试研究时，通常涉及三个基本步骤：第一，形成研究假设，确定需要考查的层面；第二，构建具体的多层面 Rasch 模型以检验研究假设；第三，依据研究假设，解释每个层面的数据产出。需要注意的是，不同的研究问题会导致不同层面的多层面 Rasch 模型的构建，以如下三个层面（考生、试题与评分员）为例，多层面 Rasch 模型的数学表达式为：

$$\text{Log} [P_{nirk}/P_{nir(k-1)}] = B_n - D_i - C_r - F_k \tag{3-5}$$

其中 B_n 表示考生 n 的能力；

D_i 表示试题 i 的难度；

C_r 表示评分员 r 的严厉度；

F_k 表示在试题 i 上取得 k 分数段的难度（相对取得 k-1 分数段的难度）；

P_{nirk} 表示考生 n 在试题 i 上被评分员 r 评为 k 分数段的概率；

$P_{nir(k-1)}$ 表示考生 n 在试题 i 上被评分员 r 评为 *k-1* 分数段的概率。

有多款软件可用于多层面 Rasch 模型分析，由 Linacre（1989, 2007, 2011）设计的 FACETS 则较为常用。该软件通过将各层面标刻到同一量尺上进行有意义的比较，分析出各层面的统计结果，包括各层面度量值（如分隔系数、分隔信度、卡方检验值等）、个体度量值（如考生/试题/评分员的个体度量值与误差、模型拟合值等）以及偏差分析值（如考生与评分员、评分员与评分标准的交互作用等）。

首先，多层面 Rasch 模型会产出各层面的度量值，主要为分隔系数（separation）、分隔信度（reliability）与卡方检验值（chi-square statistic），用于从整体上评估该层面的个体度量值是否存在稳定且显著的差异。其中分隔系数和分隔信度用于衡量每个层面上个体间的差异是否大于测量误差，这两个度量值的数值越高，表明有越大的把握认为该层面的个体数值存在显著差异；卡方检验值则是用于衡量该层面上个体数值是否存在统计学上的显著差异（Engelhard & Stone, 1998）。

其次，根据所考查的各个层面，多层面Rasch模型还会产出各层面上的个体度量值以及个体在模型中的拟合值。其中个体度量值主要包括每个考生的能力度量值、每项试题的难度度量值、每个评分员的严厉度度量值及其统计误差等；而个体的模型拟合值通常参考加权均方拟合值（Infit）和未加权均方拟合值（Outfit），前者对目标反应中的数据较敏感，后者则对最佳拟合值以外的数据较敏感（Linacre, 1994）。McNamara（1996）认为加权均方拟合值比未加权均方拟合值更有参考意义，因为前者关注拟合范围内的典型观察数据。

再次，多层面Rasch模型还可用于偏差分析，即分析各层面之间的交互作用。偏差的产生不是必然的，需要详细解读各层面数据，观察各层面之间是否存在交互作用，以便进行偏差分析。在语言测试实践中，通常会有不同层面间的交互作用，如评分员对某一特质的考生群体（如性别、年龄、专业等）在评分上更为严厉/宽松、评分员对某个评分标准的把握更为严厉/宽松等，因此需要注意此类问题。

在语言运用测试中采用多层面Rasch模型有较大优势，多层面Rasch模型将各个层面的参数置于同一量尺上，在同一个参照框架下评估各层面及其个体情况，保证了参数统计的精确性，并提供个体的诊断信息，以确保语言运用测试的公平与有效。实际上，已有大量的研究采用多层面Rasch模型来评估测试中的考生能力、评分员严厉度、评分标准把握宽严度等。如Aryadoust（2016）采用多层面Rasch模型综合考查了考生的语言能力、性别与专业背景、评分标准、考生评分员的严厉度与教师评分员的严厉度；Zhang（2016）通过多层面Rasch模型分析把评分员分成评分准确组与评分不准确组，并将评分准确度与评分员认知相关联，考查后者是否影响前者；Suzuki（2015）将多层面 Rasch 模型用于评估自我评估问卷中的题目质量；Wei & Llosa（2015）采用多层面 Rasch 模型对比了美籍评分员与印籍评分员在评判印式英语时的严厉度、评分标准把握宽严度等；Schaefer（2008）采用多层面 Rasch 模型的偏差分析，细致归纳了评分偏差规律等。

综上，通过多层面 Rasch 模型，语言运用测试的研究能从考试分数变异探知更多的背后原因，可能涉及考生、评分员、评分标准等，有利于提高测试的有效性。但多层面 Rasch 模型作为一个分析工具，也有其一定的局限性，如 Zhu & Cole（1996）所指出的那样，多层面 Rasch 模型对标定与建模需要满足两大限制条件，即能力/构念的单维性假设（unidimensionality）与项目反应模型的局部独立性假设（local independence），模型的拟合数据会显示是否满足这两大限制条件，不满足的数据则会显示出不拟合的情况，这就影响了模型的解释力。随着当前语言测试的重点转向语言运用测试，对多层面 Rasch 模型的应用也越来越多，可用于分析的软件包括 Winstep、RUMM 2020、FACETS、Quest、ConQuest、BILOG 以及 MULTILOG。本研究中的多层面 Rasch 模型分析采用的是 FACETS 软件。

3.6 小结

本章回顾了效度概念以及后 Messick 时代的效度验证框架，主要包括 Chapelle（1994）的效度验证框架、Bachman & Palmer（1996）的测试有用性框架、Weir（2005）的基于社会认知视角的效度验证框架、Kunnan（1997, 2000, 2004）的测试公平性框架、Kane（2004, 2012）的解释性论证、Chapelle, Enright & Jamieson（2008, 2010）的新托福考试效度论证模型、Mislevy et al.（2006）的以证据为中心的评估论证模型以及 Bachman & Palmer（2010）的"评估使用论证"框架。通过比较各种效度验证框架，总结出"评估使用论证"框架所具有的独特优势，再结合对"外研社杯"全国英语写作大赛中综合写作测试构念的探讨，最终将其确立为本研究的理论框架，并详细介绍了

"评估使用论证"框架中的各个主张与论证结构以及在本项目实证研究中的应用。最后,本章简要介绍了本实证研究中所涉及的效度验证方法,即 Coh-Metrix 文本分析、多层线性模型、结构方程模型以及多层面 Rasch 模型,包括基本概念、操作步骤及其在语言测试领域的应用。

第四章
研究设计

本书前三章综述了综合写作测试的效度研究与理论框架，本章立足于"外研社杯"全国英语写作大赛的综合写作任务，从潜在的提示影响角度展开对该写作任务效度证据的收集。

4.1 综合写作任务简介

如第三章所述，在中国的写作测试实践中，主要采用独立写作任务以评测学生的写作能力，而"外研社杯"全国英语写作大赛的综合写作任务系国内首次采用，旨在真实有效地测量中国高校在校大学生的写作能力。在详细介绍本研究设计之前，我们首先简要回顾本研究中综合写作任务的实施背景，以帮助读者更好地了解本研究的设计思路。

本研究主要针对"外研社杯"全国英语写作大赛省级复赛的综合写作任务展开，各省、市、自治区（以下简称为"地区"）按照大赛《章程》在规定日期内组织本地区各大高校在校学生参赛。赛题由大赛组委会组织经验丰富的测试专家命制而成，并严格保密。比赛时间由组委会规定在每年10月至11月间的4个周末，各地区可根据各自情况选择其中一个周末组织竞赛，同一时间比赛的地区采用相同赛题。复赛赛题为1篇说明文、1篇议论文（即综合写作任务），每篇长度为500词左右，写作时间共两小时。赛后评分工作由各地区按照评分标准公平公正进行，采用分项评分制，且每项写作任务需由两位及以上有丰富写作教学经验的评分员（至少包含一位外籍评分员）独立评分，最后取平均值，以保证评分信度。具体计分流程为，各评分员按照分项评分标准，从内容、结构、语言三个方面独立评阅每一位参赛学生的作文，记分员按照各分项权重（内容/思想：40%；结构/发展：30%；语言：30%）合成总分（评分标准详见附录2），再取两位或多位评分员所给得分的平均分作为参赛学生在某一写作任务上的得分。最终将每一位参赛学生在两项写作任务上的得分相加，形成总分，选取各地区总分前三名的参赛学生参加全国总决赛。

如前所述，复赛赛题包括两大写作任务，即说明文写作任务和议论文写作任务（即综合写作任务）。其中说明文写作任务要求参赛学生根据所提供的图表进行写作，而议论文写作任务则要求参赛学生根据所提供的提示材料中的观点进行论述（相关样题详见附录3），这也是本研究的重点。下文将具体介绍本研究中的综合写作任务。该任务要求参赛学生按照所提供的写作提示完成一篇议论文写作，其中写作提示的话题范围覆盖艺术、人文、社科、商业、自然科学等。写作提示提供观点参考，或是给出某一话题的单一观点及论据，要求参赛学生陈述自己的观点并说明理由；或是给出某一话题的支持观点与反对观点及其论据，要求参赛学生从中选择一种观点进行论述。在写作过程中，参赛学生可随时参看写作提示。

4.2 数据收集

本节介绍综合写作任务效度证据的收集情况。由于本研究共涉及三个维度的研究问题，因此数据的收集与整理以各问题为出发点分步分块进行。第一部分为有关提示、作文、参赛学生与评分员数据的收集，第二部分为认知维度的提示特征测量。

4.2.1 提示、作文、参赛学生与评分员数据

本研究的数据来源于2013年、2014年"外研社杯"全国英语写作大赛省级复赛的综合写作任务，参赛选手为全国各地高校在校本

科生,平均英语学习时间在 8 年以上,专业不限。评分员是全国各地高校中教龄超过 10 年的教师,并有丰富的写作教学经验。鉴于本研究中的提示特征涉及三个维度,即提示固有特征维度、基于考生认知的提示特征维度、以及基于评分员认知的提示特征维度,须采集各维度的提示特征、作文、参赛学生与评分员数据,以回答不同维度的提示影响问题。

就提示固有特征维度的影响研究而言,所采集的数据覆盖 2013 年、2014 年"外研社杯"全国英语写作大赛省级复赛综合写作任务(以下简称"综合写作任务")的 8 个不同提示,共 1354 篇作文。表 4.1 列示了各个提示的基本情况,包括话题、段落数、句子数、词数;各提示的段落数基本为 3 段或 4 段;句子数从 12 句到 26 句不等;平均词数为 278.88,最少为 205 词,最多达 355 词。

表 4.1 "外研社杯"全国英语写作大赛省级复赛的综合写作任务提示信息

提示	话题	段落数	句子数	词数
提示 1	Chinese Tourists' Misbehavior	3	26	310
提示 2	Public Schools vs. Home Schooling	3	15	275
提示 3	Bankruptcy of Kodak Company	4	21	274
提示 4	Plastic/Cosmetic Surgery	3	13	209
提示 5	Summer Internship	3	12	205
提示 6	Charity Campaigns–Ice Bucket Challenge	4	17	355
提示 7	MOOC	4	15	295
提示 8	Weixin Friend Circle	4	23	308
平均值	—	3.5	17.75	278.88

表 4.2 为 2013 年、2014 年大赛中使用的各综合写作任务提示下作文的描述性统计数据,其中 2013 年共有 4 个提示,覆盖 26 个地区;2014 年共有 4 个提示,覆盖 29 个地区。在各地区的作文选取

上，2013 年从各地区的作文中随机抽取 20 篇，2014 年参赛学生有所增加，随机抽取数量增加至每地区 30 篇，共计 1354 篇作文，详见表 4.2 [1]。平均每个提示下的作文词数为 496.59，最少仅为 22 词，最多则达 824 词。

表 4.2 综合写作提示下作文的描述性统计

年份	提示	地区	作文总量	作文词数			
				最小值	最大值	平均值	标准差
2013	提示 1	7	140	277	762	493.55	74.39
	提示 2	7	140	254	769	500.91	71.91
	提示 3	4	80	22	803	472.16	124.36
	提示 4	8	148	207	650	465.30	76.24
2014	提示 5	6	180	27	737	504.57	85.97
	提示 6	8	240	61	824	508.86	94.36
	提示 7	7	210	234	752	521.51	73.87
	提示 8	8	216	158	816	505.82	77.65
合计	8	55	1354	22	824	496.59	84.84

就考生认知的提示特征影响研究而言，所采集的数据来源于 2014 年的"外研社杯"写作大赛，涉及 13 个地区的 371 份有效问卷，覆盖 3 个提示。问卷调查在参赛学生完成写作任务后进行，学生在了解研究目的的基础上自愿参加。问卷设计采用五级李克特量表，共有 27 个问题（详见附录 4），并采用中文，以避免误解。表 4.3 描述了参赛学生问卷的采集情况，有关提示 6 的参赛学生问卷共有 224 份，覆盖河北、吉林、江苏、浙江四个地区；有关提示 7 的参赛学生问卷共有 122 份，覆盖安徽、北京、福建、辽宁、广东、山东六个地区；有

---

1 因各地复赛参赛学生人数有差异，不满随机抽取数量的地区则全数抽取。

关提示 8 的参赛学生问卷共有 25 份，覆盖内蒙古、青海、云南三个地区。

表 4.3　参赛学生问卷的描述性统计

提示	话题	参赛学生	地区
提示 6	Ice Bucket Challenge	224	河北、吉林、江苏、浙江
提示 7	MOOC	122	安徽、北京、福建、辽宁、广东、山东
提示 8	Weixin Friend Circle	25	内蒙古、青海、云南
合计	3	371	13

就评分员认知的提示特征影响研究而言，所采集的数据来源于 2014 年的"外研社杯"写作大赛，涉及提示 6、提示 7 与提示 8。有效样本为来自 10 个地区的 30 位评分员（包括中国籍和外籍评分员）。评分员的问卷调查在评分结束后进行，评分员在了解研究目的的基础上自愿参与。问卷设计采用五级李克特量表，共有 25 个问题（详见附录 5），对中国籍评分员采用中文问卷，对外籍评分员则采用英文问卷，以达到最佳理解效果。在随机抽取的 10 个地区中，共有 35 位评分员，其中 5 位评分员未能作答或未能有效作答，均被视为无效问卷，在数据分析时予以剔除，详见表 4.4。为便于后续数据分析，本文对各地区评分员进行编码，以地区前两个字的拼音首字母作为代称，并以序号 1、2、3 等作为该地区评分员代号（为便于区分"海南"与"湖南"，保留了"湖南"的"湖"字全拼，即 HuN）。

表 4.4　评分员问卷的描述性统计

地区	评分员数量	评分员问卷 有效问卷	评分员问卷 无效问卷
海南	3	HN1, HN2, HN3	—

（待续）

(续表)

地区	评分员数量	评分员问卷 有效问卷	评分员问卷 无效问卷
浙江	2	ZJ1, ZJ2	—
广东	3	GD1, GD2, GD3	—
河北	3	HB1, HB2, HB3	—
湖南	3	HuN1, HuN2, HuN3	—
吉林	3	JL2, JL3	JL1
辽宁	7	LN2, LN3, LN4, LN6, LN7	LN1, LN5
内蒙古	4	NM1, NM3, NM4	NM2
山东	4	SD1, SD2, SD3	SD4
北京	3	BJ1, BJ2, BJ3	—
合计	35	30	5

4.2.2 认知维度的提示特征测量

认知维度的提示特征主要采用问卷形式来探知参赛学生与评分员对提示特征的认知。为保证问卷所测构念的有效性，使用前须对问卷中的题项进行选择与修改，具体步骤如下。首先，在梳理相关文献的基础上，罗列可能的考生认知的提示特征（如 Polio & Glew, 1996; Powers & Fowles, 1998; Skehan, 1998; Kuiken & Vedder, 2007; Lee, 2008; He & Shi, 2012; Cho, Rijmen & Novák, 2013; Li, 2014）以及评分员认知的提示特征（如 Hamp-Lyons & Mathias, 1994; Weigle, 1999; Wiseman, 2012; Trace, Janssen & Meier, 2017），并修改问卷题项，使之适用于本研究的特定研究环境与研究对象。其次，基于相关文献梳理和题项修改，拟定问卷初稿，并请专家审读，根据专家审读意见修改问卷。然后，在反复修改问卷的基础上，形成试行版问卷，在小范围内的目标考生与评分员中进行试用，据此对问卷作进一步修改与完善。经过这三个步骤的修改与完善，最终形成考生与评分员问卷（详见附录4与附录5）。

考生问卷（附录4）由27个李克特五级量表问题构成，其中10个为考生认知的提示特征，17个为考生在写作时的文本关注点。在对量表数据进行录入处理时，按照单向与正向计分标准执行，即"非常简单"代表量表中的计分"5"，"非常难"则代表量表中的计分"1"。在对所有27个题项进行计分处理后，对考生问卷进行信度分析，显示Cronbach's alpha 系数值为0.831，表明这27个题项具有较好的内部一致性。

同理，评分员问卷（附录5）由25个李克特五级量表问题构成，其中6个为评分员认知的提示特征，19个为评分员对评分标准重要性的认知。评分员问卷中题项计分与考生问卷相同，采用单向与正向计分标准。在完成计分处理后，对整个问卷进行信度分析，显示Cronbach's alpha 系数值达到0.885，表明评分员问卷各题项的内部一致性较好。

表4.5 考生问卷与评分员问卷的信度统计

问卷	有效数据	Cronbach's alpha 系数	标准化 Cronbach's alpha 系数	题项数量
考生	371	.831	.838	27
评分员	30	.885	.879	25

4.3 研究变量

4.3.1 提示固有特征

本研究涉及三个维度的提示特征，其中最易判别的是提示固有特征，是提示本身的固有属性，与考生能力无关（Bachman, 1990, 2002）。根据专家判断与方差分析，对所采集的8个提示进行提示固有特征的编码分类。首先，参考相关提示研究（如 O'Loughlin & Wigglesworth, 2007; Lim, 2010; Ong & Zhang, 2010; Kormos, 2011; Wu, 2013），区分本研究中的提示固有特征。其次，邀请两位语言测试专家对各提示的固有特征进行独立判断，在首轮判断后，两位专家对有争议的提示进行讨论，并最终确定各提示固有特征。最后，在专家判断的基础上，通过方差分析检验提示固有特征的分类。表 4.6 归纳了 8 个提示的固有特征分类情况。

表 4.6　提示固有特征分类编码

提示固有特征	类型	分类编码法
话题域	社会话题	专家判断
	教育话题	
	商业话题	
	个人话题	
任务说明	显性对立观点	专家判断、方差分析
	隐性对立观点	

4.3.2　基于考生认知的提示特征

本研究通过考生问卷（附录 4）探知基于考生认知的提示特征。如表 4.3 所示，考生问卷涉及提示为提示 6、提示 7 与提示 8。该问卷中有关考生对提示特征的认知题项共有 10 题，依次为任务难易度、任务熟悉度、指令清晰度、提示难易度、观点外联性、提示熟悉度、观点认同感、话题趣味性、任务表达欲与提示有用性。有关各个提示特征的描述见表 4.7。

表 4.7　基于考生认知的提示特征描述

变量	描述	题项序号
任务难易度	综合写作任务的总体难易程度	1

（待续）

(续表)

变量	描述	题项序号
任务熟悉度	对综合写作任务题型的熟悉程度	2
指令清晰度	综合写作任务中题目指令的清晰易懂程度	3
提示难易度	综合写作任务中提示材料的难易程度	4
观点外联性	理解提示材料需要对其他观点/知识的联想程度	5
提示熟悉度	对综合写作任务中提示材料所涉及内容的熟悉程度	6
观点认同感	对综合写作任务提示材料中所提供观点的认同度	7
话题趣味性	对写作话题与内容的感兴趣程度	8
任务表达欲	对写作话题的表达欲望（有话可说的程度）	9
提示有用性	综合写作任务中提示材料对写作的帮助程度	10

4.3.3 基于评分员认知的提示特征与评分标准

本研究通过评分员问卷（附录5）探知基于评分员认知的提示特征，如表4.4所示，来自10个地区的35位评分员参与了问卷调查，回收有效问卷30份，涉及提示6、提示7和提示8。评分员问卷中共有6个题项的提示特征，依次为任务难易度、提示难易度、提示熟悉度、指令清晰度、话题趣味性、提示有用性（详见表4.8）。同时，评分员问卷中还包括评分员对综合写作评分标准重要性的认知。表4.9中，有关内容、结构与语言的评分标准摘选自"外研社杯"综合写作任务的评分标准（详见附录2）；有关提示使用的评分标准为外加条件，因综合写作任务中提供了有意义的语言与内容参照，考生可能会有引用或摘抄，故增加这一项标准。

表4.8 基于评分员认知的提示特征描述

变量	描述	题项序号
任务难易度	综合写作任务的总体难易程度	1

（待续）

(续表)

变量	描述	题项序号
提示难易度	综合写作任务中提示材料的难易程度	2
提示熟悉度	对综合写作任务中提示材料所涉及内容的熟悉程度	3
指令清晰度	综合写作任务中题目指令的清晰易懂程度	4
话题趣味性	对写作话题与内容的感兴趣程度	5
提示有用性	综合写作任务中提示材料对写作的帮助程度	6

表 4.9 基于评分员认知的评分标准描述

评分标准	描述	题项序号
内容	作文切中题意，观点明确并有深刻见解，论据充分，论证严密	1, 2, 3
结构	作文段落组织有序，衔接紧密，通顺流畅且逻辑严密	4, 5, 6, 7, 8
语言	作文无拼写、标点、语法错误，句式使用恰当灵活，用词确切得体	9, 10, 11, 12, 13, 14, 15, 16, 17
提示使用	作文合理糅合提示内容，准确引用提示材料，避免摘抄	18, 19

4.3.4 综合写作表现

本研究选取两类综合写作表现的指标：作文文本特征与综合写作得分。其中作文文本特征通过 Coh-Metrix 文本分析工具提取；综合写作得分不仅包括综合写作得分，还包括各个分项的平均分，如内容得分、结构得分、语言得分。具体如下。

文本特征：采用 Coh-Metrix（3.0 版本）文本分析工具提取考生作文中的文本特征，共计 108 项特征指标，分属为描述性指标、文本主成分易读性、指称连贯性、潜在语义分析、词汇多样性、连词使用、情景模式、句法复杂度、句法组构密度、词汇信息和文本可读性。

综合写作得分：各地区至少有两位评分员对考生作文进行分项评分（内容、结构、语言），按各分项权重（内容占比40%，结构占比30%，语言占比30%）合成作文总分，再取各评分员所评总分的平均分，作为考生的综合写作得分。

内容得分：如前所述，每篇考生作文都按分项评分标准经过双评或三评或多评，其中内容是一个分项评分点，因此考生在综合写作中的内容得分为各评分员就考生作文在内容分项上赋分的平均分。

结构得分：结构分项为其中一项评分标准，操作同内容得分，为多位评分员就考生作文在结构分项上赋分的平均分。

语言得分：语言分项为最后一项评分标准，操作也同内容得分与结构得分，为多位评分员就考生作文在语言分项上赋分的平均分。

4.3.5　语言水平

如4.1节所述，"外研社杯"全国英语写作大赛省级复赛共设两项写作任务：说明文写作与议论文写作，其中议论文写作任务作为国内新兴的综合写作任务，是本研究的重点，与议论文写作任务同时进行的说明文写作任务，则作为本研究的参照点，即作为考生语言水平的参照。鉴于说明文写作的评分信度也有一定保证（即通过分项评阅后按分项权重合成总分，再求取多位评分员所给总分的平均分，形成考生的说明文写作得分），本研究将考生的说明文写作得分作为考生语言水平的近似值。

4.3.6　评分行为

本研究采用多层面Rasch模型探知评分员在评分决策中的可能行为。根据研究问题，我们对所采集的考生数据与评分员数据进行了几轮预分析，以确定评分行为差异涉及哪些方面。具体操作方法如下：构建并分析涉及三个层面（考生、评分员、评分标准）的多层面Rasch模型，发现评分严厉度、评分难易度与评分员—考生偏差交互等层面存在显著差异，评分员—评分标准的交互不存在显著偏差。因此本研究需要探讨的评分员行为主要是评分严厉度、评分难易度、评分员—考生偏差交互。

评分严厉度指某一评分员的评阅分数总体趋向性高于或低于其他评分员的评阅分数（Myford & Wolfe, 2004）。在评阅整个考生群体的语言运用表现时，严厉的评分员倾向于低估考生水平，而宽松的评分员则倾向于高估考生水平。

评分难易度指在实际评分操作中某项评分标准比预期操作更难。多层面Rasch模型可用于解决许多类似问题，如评分标准的难度等级、评分标准在难度上是否有显著差异、评分员能否有效区分不同评分标准、能否删除多余的评分标准、是否所有评分标准都与所测构念有关等（Barkaoui, 2014）。

评分员—考生偏差交互指评分员与考生之间的偏差交互可能导致的评分误差。可通过多层面Rasch模型来检验具体的偏差交互，可能探讨的问题包括：是否所有评分员对所有考生都存在某种评分偏差，或过于严厉，或过于宽松；是否某位（些）评分员对某些考生更严厉或更宽松等。

4.4 数据分析

本研究中的数据分析部分主要采用五种方法：Coh-Metrix文本分析、探索性因子分析、多层线性模型、结构方程模型与多层面Rasch模型。针对第一个研究问题，Coh-Metrix用于分析考生作文中的文本特征；针对第二个研究问题，探索性因子分析用于从考生认知的提示特征中提取出共性因子，多层线性模型与结构方程模型则用于考查考生对提示特征的认知与其写作表现之间的关系；针对第三个研究问题，多层面Rasch模型用于检验评分员评分差异。本书3.5节已详细介绍Coh-Metrix文本分析、多层线性模型、结构方程模型与多层面Rasch模型的基本概念与操作步骤，本节将按三个研究问题的顺序来介绍具体的数据分析。

第一个研究问题所用数据为两类：考生在综合写作任务中的综合

写作得分与各文本特征指标。数据分析工具为 SPSS（18.0）与 Coh-Metrix（3.0）。首先，通过 Coh-Metrix 提取出各文本特征指标。其次，通过皮尔逊相关分析，提取出不同提示特征下与综合写作得分显著相关的文本特征指标，并进行共线性检验，剔除存在共线性的特征指标。再次，以综合写作得分为因变量，不同提示下的各文本特征指标为自变量，进行多元线性回归分析，检验不同提示特征下各文本特征与写作得分的关系。最后，定性分析不同提示特征对文本特征的影响。

　　第二个研究问题所用数据为三类：考生在综合写作任务中的各项得分（包括综合写作得分、内容得分、结构得分、语言得分）、基于考生认知的提示特征以及考生的语言水平（考生的说明文写作得分）。数据分析工具为 SPSS（18.0）与 AMOS（20.0）。首先，通过探索性因子分析提取出考生认知的提示特征中的共性因子。其次，通过多层线性模型分析，检验考生个体嵌套于地区组群中的多个层次之间的相互关系，即构建零模型判断考生各项得分是否有足够的变异需要通过二层变量（考生对提示特征的认知与考生语言水平）来解释，若有，则构建二层模型，判断二层的预测变量是否能解释一层分数方差的变异，并定性探讨影响考生综合写作得分的可能变量。再次，基于多层线性模型的分析发现，采用结构方程模型进一步验证，将提示共性因子与写作表现列为潜在变量，进一步构拟考生对提示特征的认知与其综合写作得分之间的关系。最后，定性探讨考生对提示特征的认知对其综合写作表现的影响。

　　第三个研究问题所用数据分为两类：评分员评分差异与评分员对提示特征的认知。数据分析工具为 SPSS（18.0）和 FACETS（3.71.3）。首先，通过多层面 Rasch 模型，分析可能的评分差异（如评分严厉度、评分标准难易度、评分员—考生偏差交互）。其次，以评分严厉度为因变量，评分员对提示特征的认知为预测变量，进行二元逻辑回归分析，检验评分员对提示特征的认知与其评分严厉度之间的关系。再次，对比评分员的评分难易度与其对评分标准重要性的认知、评分员的评分难易度与其对提示特征的认知，定性探讨其中的关系。

最后，区分不同严厉度的评分员与不同分数段考生的偏差交互，并探讨评分员对提示特征的认知与其评分偏差之间的关系。

4.5 小结

本章围绕本研究的三个研究问题介绍研究设计。首先简要介绍了综合写作测试的数据来源，并在此基础上开展数据收集，涉及提示、作文文本、考生与评分员数据。同时列出了对各个研究变量的设定与测量，包括提示固有特征、考生对提示特征的认知、评分员对提示特征认知与评分标准、考生各综合写作表现指标、考生语言水平指标、评分员评分行为等。最后介绍针对上述数据的分析方法，包括 Coh-Metrix 文本分析、探索性因子分析、多层线性模型、结构方程模型与多层面 Rasch 模型，以此作为效度验证工具，探讨不同维度的提示特征对考生综合写作表现与评分员评分行为的影响。

第五章
综合写作测试的效度验证：提示固有特征维度

本章的主要目的是回答第一个研究问题，即提示固有特征对综合写作表现的影响研究，并采用 Bachman & Palmer（2010）的"评估使用论证"框架对基于提示固有特征维度的综合写作测试进行效度验证。针对该研究目的，本章的实证研究部分旨在回答以下研究问题：提示固有特征是否会对综合写作任务的文本特征产生影响？若存在影响，不同提示下的文本特征差异体现在哪些方面？

5.1 提示固有特征

第四章 4.3.1 节中对提示固有特征分类编码做了介绍，我们采用专家判断法判定提示在话题域上的差异，采用专家判断法与方差分析法判定提示在任务说明上的差异。就话题域而言，8 个提示分属 4 个不同的话题，提示 1 和提示 6 分别涉及 Chinese Tourists' Misbehavior 与 Charity Campaigns—Ice Bucket Challenge，属于社会话题；提示 2、提示 5 与提示 7 分别涉及 Public Schools vs. Home Schooling, Summer Internship 与 Massive Open Online Course（MOOC），属于教育话题；提示 3 涉及 Bankruptcy of Kodak Company，属于商业话题；提示 4 与提示 8 分别涉及 Plastic/Cosmetic Surgery 与 Weixin Friend Circle，属

于个人话题。就任务说明而言，提示 2、提示 4 与提示 5 的任务说明相同，为显性对立观点，即给出关于某话题的支持与反对观点及其论据，要求考生从中选择一种观点进行论述；提示 1、提示 3、提示 6、提示 7 与提示 8 的任务说明相同，为隐性对立观点，即给出有争议的话题和单一的观点及论据，要求考生陈述其观点并说明理由。方差分析结果显示，不同提示下考生综合写作得分总体上存在显著差异，$F(7,1346)=11.204$，$p<0.001$。不同任务说明的提示组合对比分析检验表明，提示组合 1（提示 2、4、5）与提示组合 2（提示 1、3、6、7、8）之间的写作得分差异显著，$t=2.909$，$df=703.261$，$p=0.004$。至此提示固有特征确定为话题域与任务说明，我们将从话题域与任务说明这两个维度研究提示特征对综合写作的文本特征的影响。

表 5.1 提示固有特征分类

提示固有特征	类型	提示序号	分类编码法
话题域	社会话题	1、6	
	教育话题	2、5、7	专家判断
	商业话题	3	
	个人话题	4、8	
任务说明	显性对立观点	2、4、5	专家判断、方差分析
	隐性对立观点	1、3、6、7、8	

5.2 提示固有特征对综合写作表现的影响估算

根据第四章 4.4 节的数据分析步骤，本节将从话题域与任务说明这两个维度报告提示特征对综合写作的文本特征的影响估算。

5.2.1 提示话题域与文本特征

本节所分析的数据为 4 个不同话题域的提示固有特征（即社会、教育、商业、个人话题）与 1354 篇考生作文的文本特征，其中社会话题

第五章 综合写作测试的效度验证：提示固有特征维度 | 77

下考生作文总量为 380 篇，教育话题下考生作文总量为 530 篇，商业话题下考生作文总量为 80 篇，个人话题下考生作文总量为 364 篇，每篇作文均有 108 项文本特征指标。采用皮尔逊相关分析对各话题提示下的作文文本逐一进行分析，分别提取出各话题下与考生综合写作得分显著相关且不存在共线性的文本特征指标，分别得到表 5.2- 表 5.5。

表 5.2 社会话题作文中与写作得分显著相关的文本特征指标

文本特征指标	指标英文名	属类	r 值	p 值
词数	Word count	描述性指标	.315	.000
实词熟悉度	Word familiarity for content words	词汇信息	-.266	.000
动词衔接	Text easability PC verb cohesion	文本主成分易读性	-.235	.000
词汇最小编辑距离	Minimal edit distance for all words	句法复杂度	.200	.000
实词句间重叠率	Content word overlap (all sentences)	指称连贯性	-.176	.001
连词使用频率	All connectives incidence	连词使用	.118	.023

表 5.3 教育话题作文中与写作得分显著相关的文本特征指标

文本特征指标	指标英文名	属类	r 值	p 值
词数	Word count	描述性指标	.419	.000
实词习得年龄	Age of acquisition for content words	词汇信息	.315	.000
动词衔接	Text easability PC verb cohesion	文本主成分易读性	-.294	.000
相邻段落语义承袭性	LSA overlap (adjacent paragraphs)	潜在语义分析	.282	.000

（待续）

（续表）

文本特征指标	指标英文名	属类	r值	p值
词汇多样性	Lexical diversity (MTLD)	词汇多样性	.210	.000
词汇最小编辑距离	Minimal edit distance (all words)	句法复杂度	.165	.000
时间连词使用频率	Temporal connectives incidence	连词使用	.158	.000
动名词密度	Gerund density	句法组构密度	.140	.001

表 5.4　商业话题作文中与写作得分显著相关的文本特征指标

文本特征指标	指标英文名	属类	r值	p值
词数	Word count	描述性指标	.582	.000
指称衔接	Text easability PC referential cohesion	文本主成分易读性	-.499	.000
词汇多样性	Lexical diversity (MTLD)	词汇多样性	.476	.001
实词熟悉度	Word familiarity for content words	词汇信息	-.435	.000
句间语义承袭性	LSA given/new sentences	潜在语义分析	-.433	.001
介词短语密度	Prepositional phrase density	句法组构密度	.361	.000
副词短语密度	Adverbial phrase density	句法组构密度	.277	.002
实词句间重叠率	Content word overlap (all sentences)	指称连贯性	-.272	.001

表 5.5　个人话题作文中与写作得分显著相关的文本特征指标

文本特征指标	指标英文名	属类	r值	p值
词数	Word count	描述性指标	.283	.000
词汇多样性	Lexical diversity (MTLD)	词汇多样性	.182	.001

（待续）

（续表）

文本特征指标	指标英文名	属类	r 值	p 值
动词上义关系	Word hypernymy (verbs)	词汇信息	.154	.003
动词衔接	Text easability PC verb cohesion	文本主成分易读性	-.143	.006
动词语义重叠率	LSA verb overlap	情景模式	-.134	.012
动名词密度	Gerund density	句法组构密度	.116	.027
词干句间重叠率	Stem overlap (all sentences)	指称连贯性	.110	.036

基于皮尔逊相关分析结果，我们对上述所提取的各文本特征指标分别进行多元线性回归分析。以综合写作得分为因变量，不同话题提示下的各文本特征指标为预测变量，按照顺序选择法（Forward）进行多元回归分析建立预测模型，分别得到表 5.6- 表 5.9。在社会话题提示作文的回归模型中，发现有 4 个变量能解释综合写作得分 17.4% 的方差，$F(4,367)=19.284$，$p<0.001$，$R=.417$，$R^2=.174$，分别是词数、实词熟悉度、词汇最小编辑距离和连词使用频率。在教育话题提示作文的回归模型中，发现有 6 个变量能解释综合写作得分 32.3% 的方差，$F(6,523)=41.546$，$p<0.001$，$R=.568$，$R^2=.323$，分别是词数、实词习得年龄、动词衔接、相邻段落语义承袭性、词汇多样性和时间连词使用频率。在商业话题提示作文的回归模型中，发现有 4 个变量能解释综合写作得分 59.8% 的方差，$F(4,75)=27.900$，$p<0.001$，$R=.773$，$R^2=.598$，分别是词数、实词句间重叠率、实词熟悉度和介词短语密度。在个人话题提示作文的回归模型中，发现有 3 个变量能解释综合写作得分 12.3% 的方差，$F(3,342)=15.935$，$p<0.001$，$R=.350$，$R^2=.123$，分别是词数、词汇多样性和词干句间重叠率。

表 5.6　社会话题提示作文中具有写作得分预测力的文本特征指标

文本特征指标	t 值	p 值	测定系数 R^2
词数	3.975	.000	.098
实词熟悉度	-4.395	.000	.029
词汇最小编辑距离	3.545	.000	.029
连词使用频率	2.811	.005	.018

表 5.7　教育话题提示作文中具有写作得分预测力的文本特征指标

文本特征指标	t 值	p 值	测定系数 R^2
词数	9.829	.000	.176
实词习得年龄	4.496	.000	.082
动词衔接	-2.791	.005	.031
相邻段落语义承袭性	3.790	.000	.015
词汇多样性	2.762	.006	.012
时间连词使用频率	2.365	.018	.007

表 5.8　商业话题提示作文中具有写作得分预测力的文本特征指标

文本特征指标	t 值	p 值	测定系数 R^2
词数	6.098	.000	.338
实词句间重叠率	-6.807	.000	.208
实词熟悉度	-3.123	.003	.027
介词短语密度	-2.170	.033	.025

表 5.9　个人话题提示作文中具有写作得分预测力的文本特征指标

文本特征指标	t 值	p 值	测定系数 R^2
词数	5.001	.000	.077
词汇多样性	3.964	.000	.030
词干句间重叠率	2.480	.014	.016

5.2.2 提示任务说明与文本特征

本节数据分析与 5.2.1 节同，所用数据为 2 个不同任务说明的提示固有特征（即显性对立观点与隐性对立观点）与 1354 篇考生综合写作作文的文本特征，其中显性对立观点（提示 2、4、5）提示下的考生作文总量为 468 篇，隐性对立观点（提示 1、3、6、7、8）提示下的考生作文总量为 886 篇，每篇作文均有 108 项文本特征指标。对于此提示特征与文本特征的关系分析，我们仍采用上节所述方法进行。首先，通过皮尔逊相关分析，选取显性对立观点与隐性对立观点提示下的作文文本中与综合写作得分相关度高且不存在共线性的文本特征指标，详见表 5.10 和表 5.11。

表 5.10　显性对立观点提示作文中与写作得分显著相关的文本特征指标

文本特征指标	指标英文名	属类	r 值	p 值
词数	Word count	描述性指标	.492	.000
实词习得年龄	Age of acquisition for content words	词汇信息	.375	.000
动词衔接	Text easability PC verb cohesion	文本主成分易读性	-.354	.000
相邻段落语义承袭性	LSA overlap (adjacent paragraphs)	潜在语义分析	.319	.000
词汇多样性	Lexical diversity (MTLD)	词汇多样性	.313	.001
实词词频	Word frequency (content words)	词汇信息	-.258	.000
动名词密度	Gerund density	句法组构密度	.233	.000
词汇最小编辑距离	Minimal edit distance (all words)	情景模式	.199	.000
时间连词使用频率	Temporal connectives incidence	连词使用	.195	.000

表 5.11　隐性对立观点提示作文中与写作得分显著相关的文本特征指标

文本特征指标	指标英文名	属类	r 值	p 值
词数	Word count	描述性指标	.311	.000
实词词频	Word frequency (content words)	词汇信息	-.219	.000
动词衔接	Text easability PC verb cohesion	文本主成分易读性	-.185	.000
文本叙事性	Text easability PC narrativity	文本主成分易读性	-.181	.000
词汇多样性	Lexical diversity (MTLD)	词汇多样性	.179	.000
实词习得年龄	Age of acquisition for content words	词汇信息	.153	.000
句间语义承袭性	LSA given/new sentences	潜在语义分析	-.143	.000
词汇最小编辑距离	Minimal edit distance (all words)	句法复杂度	.112	.001
实词句间重叠率	Content word overlap (adjacent sentences)	指称连贯性	-.105	.002

基于皮尔逊相关分析结果，我们对上述指标分别进行多元线性回归分析。以综合写作得分为因变量，不同任务说明提示下的各文本特征指标为预测变量，按照顺序选择法进行多元回归分析建立预测模型，分别得到表 5.12 和表 5.13。在显性对立观点提示作文的回归模型中，发现有 4 个变量能解释综合写作得分 40.2% 的方差，$F_{(4,445)}=74.744$，$p<0.001$，$R=.634$，$R^2=.402$，分别是词数、实词习得年龄、词汇多样性和相邻段落语义承袭性。在隐性对立观点提示作文的回归模型中，发现有 5 个变量能解释综合写作得分 13.1% 的方差，$F_{(5,872)}=26.352$，$p<0.001$，$R=.362$，$R^2=.131$，分别是词数、文本叙事性、动词衔接、实词句间重叠率和词汇多样性。

表 5.12　显性对立观点提示作文中具有写作得分预测力的文本特征指标

文本特征指标	t 值	p 值	测定系数 R^2
词数	10.097	.000	.243
实词习得年龄	5.829	.000	.103
词汇多样性	6.014	.000	.041
相邻段落语义承袭性	3.323	.001	.015

表 5.13　隐性对立观点提示作文中具有写作得分预测力的文本特征指标

文本特征指标	t 值	p 值	测定系数 R^2
词数	8.013	.000	.096
文本叙事性	-3.587	.000	.015
动词衔接	-2.554	.011	.007
实词句间重叠率	3.186	.001	.005
词汇多样性	2.846	.005	.008

5.3　提示固有特征对综合写作表现的影响

上述相关分析与多元回归分析表明，不同提示固有特征下，部分文本特征指标会影响考生的综合写作得分。下文我们将具体探讨该影响。

5.3.1　提示话题域对文本特征的影响

如 5.2.1 节所述，本研究中有关话题域的提示固有特征依次分为以下 4 类：社会、教育、商业和个人。从回归分析结果可以发现，各话题提示下影响综合写作得分的文本特征指标不完全相同。但这 4 类提示的回归模型中均有词数这项文本指标，对综合写作得分的影响力分别为 9.8%、17.6%、33.8% 和 7.7%，且在各提示下文本的回归模型中均属于对作文得分有主要影响力的指标。相比社会话题和个人话题提示，商业话题与教育话题提示下，文本的回归模型中词数对作文得分的影响更大（分别为33.8%和17.6%），这可能是由于商业话题和教育话题提示下的不同考生作文的词数差别迥异所致（详见表4.2），其中商业话题提示（提示3）下的作文词数变化范围较大，从22个词到803个词不等；教育话题提示（提示2、5、7）下的作文词数差距也较大（从27个词到769个词不等）。这一共有指标表明考生写的词数越多，即文章越长，论证越充分，则得分越高，这与过往研究所发现的作文得分与文章长度成正比的结论相类似（Watanabe, 2001; Gebril & Plakans, 2009; Barkaoui, 2010; Kobrin, Deng & Shaw, 2011; Guo, Crossley & McNamara, 2013; Wolfe, Song & Jiao, 2016）。但我们认为词数的多少只是文章优劣的必要但非充分条件，高分议论文作文的许多文本特征，如逻辑严密、论据详实、论证与反驳充分等，很难在一篇较短的文章里得到体现（Chodorow & Brustein, 2004）。

就不同的文本特征而言，社会话题回归模型中的其他文本特征还包括实词熟悉度、词汇最小编辑距离和连词使用频率，对综合写作得分的影响力分别为2.9%、2.9%和1.8%。首先，对社会话题提示作文得分具有重要影响力的实词熟悉度，依据MRC心理语言学数据库（Coltheart, 1981）来测算成年人对实词的熟悉程度，实词赋值越高，则熟悉程度越高，如实词milk（588）与mother（632）的熟悉度赋值远高于实词cornet（364）与witan（110）的熟悉度赋值，即对普通成年人而言，milk与mother的熟悉度要高于cornet与witan。社会话题提示文本本身的实词熟悉度均值为566.73，比其他三个话题（教育、商业与个人）提示文本的实词熟悉度均值（576.99）略低；社会话题提示下考生作文的实词熟悉度均值为572.28，比其他三个话题（教育、商业与个人）提示下考生作文的实词熟悉度均值（分别为578.49、575.47、582.37）也略低。我们推测考生所用实词的熟悉度受到了提示文本本身的影响，综合写作中的提示其实是考生的语言知识库（language repository）（Plakans & Gebril, 2012），社会话题的提示文本会影响考生在写作时的选词。此外实词熟悉度与写作得分呈负相关

（详见表 5.2），考生作文中的实词熟悉度越高，则写作得分越低，因此建议考生在满足用词准确恰当的前提下，少用"陈词"，多用"新词"。

其次，词汇最小编辑距离是社会话题提示下影响作文得分的另一重要因素。该指标通过测算跨文本中字符串的相似度来评估文本相似度。其依据是字符串相似度算法 Levenshtein 距离（Levenshtein, 1965）和字符串匹配理论（Dennis, 2007），将单词视为字母组成的字符串，由该字符串转化为另一个字符串所需的最少编辑次数（McCarthy et al., 2007; McCarthy et al., 2008），比如替换该字符串中的某一个字符、在该字符串中插入某个字符或删除某个字符等，两个字符串之间的编辑距离越小，则两者的相似度越高。在社会话题域提示中，提示 1 有关中国游客出国旅游时的不文明举止而引发的跨文化交流问题，提示 6 有关冰桶挑战兴起而引发的真慈善与假狂欢的讨论，两者都属于社会热点话题。在随机抽取的考生作文中，我们发现考生往往先复述此类话题或事件，再展开有关跨文化交流与慈善活动的讨论，一些话题特定词就易出现跨文本共现而具有相似的词干或词根等单词结构。这一发现与 McCarthy & McNamara（2012）的研究结果类似，即词汇最小编辑距离在用户语言复述语料库中能有效估算复述质量。连词使用频率是影响社会话题提示下作文得分的另一因素。表 5.2 显示连词使用频率与综合写作得分呈显著正相关，表明连词的使用有助于增强文本内部的逻辑衔接，提高作文质量，这与以往对书面语的语篇评估发现一致（Sanders & Noordman, 2000; Cain & Nash, 2011; 梁茂成，2006）。我们认为连词使用的多少与作文质量没有必然的因果联系，但衔接手段的合理运用，如因果、逻辑、对比、时间与增补连词等的运用，有助于议论文的逻辑建构。

除各话题提示作文中共有的词数指标外，教育话题回归模型中还包括实词习得年龄、动词衔接、相邻段落语义承袭性、词汇多样性和时间连词使用频率，对作文得分的综合影响力为 32.3%。其中影响力较大的实词习得年龄依据 MRC 心理语言学数据库（Coltheart, 1981）的儿童语言习得规律来估算实词的习得年龄。估算方法与实词熟悉度类似，如实词 cornet 与 witan 比实词 milk 与 mother 的习得时间要迟，实词的估算赋分越高，儿童习得该实词的时间越迟，即该实词更复杂，使用频率也更低。经 Coh-Metrix 测算，教育话题的提示源文本的实词习得年龄均值为 401.86，高于同比的社会话题（358.01）、商业话题（356.15）和个人话题（348.41）等提示文本；教育话题提示下的考生文本，其实词习得年龄均值为 391.46（其中最大值为 452.05，最小值为 318.34），高于同比的社会话题域（359.43）、商业话题域（359.29）和个人话题域（345.41）等考生文本。教育话题提示文本中较高的实词习得年龄赋值与考生作文中的该指标赋值相照应，均高于同比其他话题的提示文本与考生作文，表明考生在综合写作时倾向于参考提示文本中的语言（Plakans & Gebril, 2012）。而该指标与综合写作得分的显著正相关关系（详见表 5.7）也表明高分作文更倾向于采用复杂低频词，也更符合"成年人"的议论文写作习惯。文本主成分易读性属类下的动词衔接指标是教育话题作文得分的第三大影响因素，表示文本中动词重叠使用产生的衔接与文本难易度之间的关系，重叠动词越多，动词所表现的事件结构越连贯，文本越易读。McNamara & Graessar (2012) 表明该指标常在叙事文体（尤其是青少年的叙事读物）中凸显。表 5.3 显示该指标与综合写作得分呈负相关关系，即文中重叠的动词越少，文章得分越高。我们对教育话题提示下的考生作文进行了随机抽查，发现文中反复出现的动词有 learn、teach、provide、give、gain 等，与该话题的 3 个提示文本（其话题分别为 Public Schools vs. Home Schooling、Summer Internship 和 MOOC）中的动词相似，这是因为教育类话题往往涉及教与学，话题发散度不及社会类话题，考生容易局限于教育话题而仅使用与教、学相关的动词，进而影响写作得分。潜在语义分析下的相邻段落语义承袭性是教育话题回归模型中的第四大影响因素，通过矢量语义空间来分析段与段之间潜在的语义联系。表 5.3 显示该指标与综合写作得分呈正相关关系，表明高分作文的各个段落间具有较高的语义互指性，这与以往研究发现一致，即较高的段落间语义重叠往往与文章连贯性和高质量相关（Crossley,

Roscoe & McNamara, 2011; McNamara et al., 2015），因此保证通篇文章的语义连贯是写好作文的关键。词汇多样性和时间连词使用频率是影响教育话题域提示下考生作文质量的重要因素。考生作文中所显现的词汇多样性指标，依据更为精确的 MTLD 统计值（McCarthy, 2005），不受文本长度和类型差异影响，测量结果较之类符形符比（TTR）信度更高（McNamara, Crossley & McCarthy, 2010）。表 5.3 显示在教育话题域提示下，考生所用词汇越丰富，写作得分越高，这也与以往研究发现一致（Engber, 1995; Grant & Ginther, 2000; Jarvis, 2002; Crossley, Salsbury & McNamara, 2012; Wolfe, Song & Jiao, 2016）。但有趣的是，教育话题提示文本与其他 3 类话题域提示文本在 MTLD 词汇多样性的统计值上差异甚大，前者的词汇多样性均值为 92.44，而后者的词汇多样性均值则为 125.92，说明教育话题域提示材料本身的词汇不够丰富多样，容易束缚考生的遣词造句，这与该话题的动词词汇较为单一的情况类似。我们认为低水平考生容易限于该话题域而就事论事，而高水平考生则更易发散思维而不局限于提示中的词汇与线索。此外，时间连词使用频率对写作得分的影响虽弱，但也不容忽视。连词使用频率的重要性已在社会话题中有所探讨，而时间连词（如 first、second、after、before、when 等）作为连词属类中的一种，具有类似功能，即用于黏连句子、标记逻辑关系，使作文更连贯。

商业话题回归模型中的文本特征除词数指标外，还包括实词句间重叠率、实词熟悉度和介词短语密度，对综合写作得分的影响力分别为 20.8%、2.7% 和 2.5%，且相关分析（表 5.4）更具体地显示了该话题下的高分作文往往具有较低的实词句间重叠率、较低的实词熟悉度、较高频使用的介词短语等特点。其中影响力较大的实词句间重叠率指所有实词在各个句子间重现的比率，重现率越低，得分越高。该发现与教育话题提示下的词汇多样性相类似，即使用的词汇越丰富，重现的词汇就越少（McCarthy, 2005）。较之于词数与实词句间重叠率的强势影响，实词熟悉度和介词短语密度对写作得分的影响力相对较弱，前者依据 MRC 心理语言学数据库来测算，表明实词的熟悉度越高，日常使用频率越高，复杂度越低，从而导致写作得分偏低，反之亦然。这与 Guo, Crossley & McNamara（2013）对实词熟悉度与写作质量的关系研究发现一致。我们认为原因在于该提示属于商业话题，涉及柯达企业成功与破产原因的分析，包括数字科技、市场导向等，涉及较多考生不太熟悉的词汇，但考生也会更多地选用提示中他所熟悉的词汇，且反复使用，从而导致重叠率升高。介词短语密度是区别于其他话题提示下作文文本特征的特殊指标，与作文得分呈显著正相关。介词短语可作状语、定语、补语等，功能多样且构句灵活，能丰富句型，该指标的凸显表明高分作文中有的介词短语使用较灵活，而低分作文则相对匮乏，这一差别与李勤（2013）的发现相似，即中国学生因受母语影响，在英语写作中介词短语使用频率偏低，但随着英语水平的提高，其使用频率也逐渐升高。

个人话题回归模型中除共有的词数指标外，还有词汇多样性和词干句间重叠率对作文得分具有重要影响，两者的综合影响力为4.3%。词汇多样性与作文得分呈显著正相关关系（表 5.5）也佐证了教育话题中的发现，高分作文往往词汇使用丰富多样，也是写作质量的一个重要衡量指标（Engber, 1995; Grant & Ginther, 2000; Jarvis, 2002; Cumming et al., 2005; Crossley, Salsbury & McNamara, 2012; Wolfe, Song & Jiao, 2016）。词汇的多样性并非重复使用有限的单词（Read, 2000），词汇的多样性既能丰富文章内容，又能体现文中思考的深度与广度。另一影响因素是词干句间重叠率，指句间具有相同词干的实词的互指重现程度，与作文得分呈显著正相关（表 5.5），表明高分作文中有较多相同词干的实词，保证语义互指与语篇连贯。但这一发现与以往研究相反（如 Ferris, 1994; McCarthy, 2005; Crossley & McNamara, 2012; Crossley, Salsbury & McNamara, 2012）。以往研究均发现高水平英语学习者能运用丰富的词汇与多样化的互指衔接手段，而低水平英语学习者则更多采用词汇重叠重现手段。我们认为，这一差异可能是由于特殊提示特征的原因，个人话题的两个提示分别涉及"整形美容"与"微信朋友圈"，需要考生联系自己生活经历/经验发表评论，这对考生的词汇选用提出了较高要求，既不能就提示谈想法，也不能脱离提示只谈个人经历/经验，需要基于提示又高于提示，以使提示与实际相联系。而词干重叠可能是考生选用同源词来论述类似事件，保证个人经历/经验与提示内容中的语义互指，使论证更有说服力。

综上，不同话题的提示特征使综合写作文本显现出不同的文本特征影响因素，其共享的文本特征影响因素为词数，这是保证议论文论证充分的基础。其他不同文本特征表明不同话题下作文文本中的语言表达有所侧重：社会话题提示下的文本显现了实词熟悉度、词汇最小编辑距离和连词使用频率等文本特征；教育话题提示下的文本显现了实词习得年龄、动词衔接、相邻段落语义承袭性、词汇多样性和时间连词使用频率等文本特征；商业话题提示下的文本显现了实词句间重叠率、实词熟悉度和介词短语密度等文本特征；个人话题提示下的文本则显现了词汇多样性和词干句间重叠率等文本特征。

5.3.2 提示任务说明对文本特征的影响

如 5.2.2 节所述，本研究中的提示固有特征按任务说明可分为两类：显性对立观点提示（包括提示 2、4、5）与隐性对立观点提示（包括提示 1、3、6、7、8），经回归分析后（表 5.12 和表 5.13）显现了影响综合写作测试的不同文本特征因素。词数与词汇多样性是两类不同任务说明提示下共享的文本特征影响因素，虽然影响力略有差异，在显性对立观点提示下的影响力分别为 24.3% 和 4.1%，在隐性对立观点提示下的影响力则分别为 9.6% 和 0.8%。可见词数仍是影响作文得分的最重要因素，这与不同话题域的发现一致。词汇多样性与不同任务说明下的考生作文得分均呈显著正相关（详见表 5.10 和表 5.11），说明考生运用了丰富多样的词汇，而非反复使用有限的词汇，这也是较高语言水平的体现（Read, 2000; Ransdell & Wengelin, 2003; McNamara, Crossley & McCarthy, 2010）。可以推测较高水平考生有较丰富的词汇知识库，能使其避免反复使用同义词、上义词或其他相关词等（Read, 2000）。综合写作任务中，提示有着提供话题写作信息和语言资源的作用（Plakans & Gebril, 2012），可激活考生头脑中相关的认知图式，帮助考生快速形成论点，使其在综合写作中的语言更丰富，思想表达更充分，因而篇幅也更长。

值得探讨的是显性对立观点提示和隐性对立观点提示下不同的作文文本特征指标，更能表明任务说明差异对文本特征的影响。在显性对立观点提示的回归模型中，实词习得年龄和相邻段落语义承袭性对作文得分的影响力分别为10.3%和1.5%。如5.3.1节所述，实词习得年龄依据MRC心理语言学数据库的儿童语言习得规律来估算实词的习得年龄，实词的估算赋分越高，实词越复杂，儿童习得该实词的年龄越大。经Coh-Metrix测算，显性对立观点提示文本中的实词习得年龄均值为388.94，高于同比的隐性对立观点提示文本（362.44）；显性对立观点提示下考生作文中的实词习得年龄均值为381.86，也高于同比的隐性对立观点提示下的考生作文（360.98）。该数值统计显示两类提示文本与考生作文中的实词习得年龄值均互相匹配，表明考生从提示文本中选取观点作为论述基点，并在论述过程中参考提示中的观点信息与语言资源。而显性对立观点提示文本中的两种对立观点都涉及较复杂的实词，考生在选择其中一种观点进行阐释时，也会模仿该观点在提示文本中的表述，使用类似的复杂实词，实词复杂度越高，则该指标越容易显现。相邻段落语义承袭性用于评估段与段之间的语义互指，与教育话题提示的发现相类似，该指标与写作得分呈显著正相关（表5.10），表明高分作文中段落间语义互指性高，而低分作文中段与段之间缺乏语义联系。该指标的凸显，我们认为是受到了提示任务说明的影响，显性对立观点提示（提示2、4、5）由某一话题的两种对立观点组成，要求考生从中择一并加以论述，这就使考生的论证模式成为：选择一种观点并提供支撑论据以证明该观点，形成段落间的前后呼应，实现语义衔接紧密与语篇连贯。

隐性对立观点提示的回归模型中除共有的词数与词汇多样性外，还有文本叙事性、动词衔接和实词句间重叠率对作文得分具有重要影响。文本叙事性指标通过 Coh-Metrix 中叙事性成分来赋分（Graesser, McNamara & Kulikowich, 2011; McNamara, 2013），叙事性文本通常是对故事的描述，往往附有事件、时间、地点、人物等。具有较高叙事性赋分的文本更像故事，反之则不成故事。该指标与作文得分呈显著负相关（表 5.11），表明高分作文中的文本叙事性偏低，不像故事，却更接近标准议论文，反之亦然。议论文写作会涉及许多论据信息以及更精炼的修辞手法（McNamara et al., 2015），较易与故事区分。文本叙事性的凸显是由于考生受到了隐性对立观点提示的影响。在隐性对立观点组合（提示 1、3、6、7、8）中，其任务说明包括话题引子和单方面观点，话题引子讲述的是该话题的发端事例，如提示 1 列举了境外旅游时中国游客的种种不文明行为，提示 3 回顾了柯达公司破产事件及其曾经的辉煌，提示 6 提供了冰桶挑战的兴起背景以及带来的慈善关注与捐赠数额，叙事性较强，随后就所谈事件引出一个单方面的观点，要求考生根据提示中的单方面观点来表态并陈述理由。通过对考生作文的随机抽查，我们发现考生在实际的议论文写作中混入了事例叙述，而事例信息来源则是提示文本。针对这一任务特点，考生所采用的论证模式均会不同程度地涉及对话题相关事件的叙述，或作为引论，或作为论据。实际上，议论文写作以议论为主要表达方式，侧重对某个问题或事件的评论与观点论证，虽然也会运用例证法，即事例叙述，但叙事需要高度概括、简明扼要，重在列举事例后的说理与论证。这一指标的凸显说明部分考生受提示影响较大，在议论文写作中下意识地偏重事例的冗长叙述而偏离了论证本身。文本主成分易读性属性下的动词衔接指标是隐性对立观点回归模型中影响作文得分的另一因素。如 5.3.1 所述，该指标反映文中动词重复使用产生的衔接与文本难易度之间的关系，动词重复使用率越高，其所表现的事件结构越完整连贯，文本则越容易读，因此该指标常在青少年叙事读物中凸显（McNamara & Graessar, 2012）。表 5.11 显示该指标与作文得分为显著负相关，即文中动词重复使用率越低，文章得分越高，反之亦然。通过对考生作文的随机抽查，我们发现低水平考生较为侧重叙述提示中的话题事件，导致其文中有关该话题事件的动词重现率高，更偏重叙事文体，弱化了议论文体。这一指标的凸显也说明部分考生受隐性对立观点提示中事件叙述的影响。在隐性对立观点提示组合的回归模型中，实词句间重叠率对作文得分的影响较小，但也不可小觑。该指标反映所有实词在相邻句间的重现比率，重现率越高，作文得分越低（表 5.11），高水平考生倾向于在相邻句间采用不同的实词来表意并使语义连贯，这与 Ferris（1994）的发现一致，即较高水平二语学习者采用大量的词汇衔接与互指衔接手段来表情达意，而较低水平学习者则反复使用有限的词汇。值得一提的是，考生应当注意到词汇多样性与词汇重叠率之间的交互作用：词汇越丰富多样，其重叠率越低（McCarthy, 2005）。

综上，显性对立观点与隐性对立观点提示下的考生作文具有两项相似的文本特征，即词数与词汇多样性，两者是影响综合写作得分的主要因素。虽然词数在评分标准中并未明确涉及，但这表明了词数是议论文论证充分的必要条件，而词汇多样性又是多角度论证的必然结果。就不同的文本特征而言，显性对立观点提示下的实词习得年龄与相邻段落语义承袭性的影响突出；隐性对立观点提示下的文本叙事性、动词衔接与实词句间重叠率的影响突出。以上文本特征的差异主要是由于提示的任务说明差异所致，引导考生在写作时采用不同的论证模式，即显性对立观点的提示引导考生在议论文写作中侧重单一观点论证，层层递进，语篇前后照应；而隐性对立观点的提示则引导考生在议论文写作中侧重事例叙述和夹叙夹议。

5.4　基于"评估使用论证"框架的讨论

本节将在 Bachman & Palmer（2010）的"评估使用论证"框架下探讨本研究有关提示固有特征的影响问题。本章节关于提示固有特征维度的研究可被视为是一个收集支撑证据以证实或收集反驳证据以证伪相关理据的过程，并且这些理据还会进一步证实或证伪相关主张，形成"评估使用论证"框架中对主张的证据链。如本书 3.4 节所述，从提示固有特征维度展开对综合写作测试的效度验证，涉及"评估使用论证"框架第三个主张中的相关内容，即对所测能力的解释"富有意义"（meaningfulness）。Bachman & Palmer（2010）把"富有意义"定义为"某个测试记录在多大程度上能为考试相关者提供与所测能力相关的信息"。将该定义与本章提示固有特征影响相结合，可以将"富有意义"具体表述为综合写作测试测量了考生的写作能力，而没有测其他能力。基于本章 5.2 与 5.3 节对提示固有特征影响的测量与讨论，发现提示固有特征会影响考生综合写作的文本表现，因此需要证明提示固有特征影响是否属于构念无关因素，具体如下。

就社会话题提示对综合写作文本的影响而言，具有影响力的文本指标包括词数、实词熟悉度、词汇最小编辑距离和连词使用频率。首先，词数是不同话题域与不同任务说明提示下的考生作文所共享的具有影响力的指标，是议论文论证充分的必要条件。实际上，大赛中综合写作任务的答题时间极为有限，要求考生在较短的时间内完成一篇论据充分、逻辑严密的议论文，词数可以被视为是构念相关因素，可以体现考生流利的构思、组织与阐述能力（Enright & Quinlan, 2010）。其次，实词熟悉度表明考生能使用复杂词汇以获取较高分数；词汇最小编辑距离表明考生倾向于复述提示中的相关话题与事件，并围绕该话题或事件进行阐释，从而使整个文本中词干或词根相似的词较多；连词使用频率则表明考生可能会使用多样的衔接手段来增强文本内部的逻辑性。上述对综合写作表现的影响均符合综合写作测试对其所测构念的界定，即在内容上达到论据充分、论证严密，在结构上达到衔接紧密，在语言上达到用词恰当灵活。

就教育话题提示对综合写作文本的影响而言，具有影响力的指标包括词数、实词习得年龄、动词衔接、相邻段落语义承袭性、词汇多样性和时间连词使用频率。除已讨论过的共有指标词数外，实词习得年龄表明考生采用复杂低频词有助于获得较高作文分数；动词衔接指标表明考生不能仅限于反复使用几个动词，而应在动词选择上更丰富、更多样；相邻段落语义承袭性强调了段与段之间语义互指的重要性；

词汇多样性要求考生选用丰富多样的词汇；而时间连词使用频率则反映了议论文论证的逻辑性。上述指标对综合写作表现的影响也符合综合写作测试所定义的构念，即在内容上达到了语义联系紧密，在结构上达到了衔接紧密，在语言上满足了语言使用的多样化。

就商业话题提示对综合写作文本的影响而言，具有影响力的指标包括词数、句间实词重叠率、实词熟悉度和介词短语密度。除已讨论过的共有指标词数外，实词句间重叠率表明考生词汇使用越丰富，句间的实词重现率越低，作文得分越高；实词熟悉度强调对低频复杂词汇的使用；介词短语密度用于灵活组句、丰富句型。这些指标对综合写作表现的影响也属于综合写作测试的构念范围，即在内容上论证充分，在语言上句式使用灵活恰当、词汇使用丰富多样等。

就个人话题提示对综合写作文本的影响而言，具有影响力的指标包括词数、词汇多样性和词干句间重叠率。除上文已讨论过的词数与词汇多样性指标外，词干句间重叠率从构词法角度强调了句与句之间词干或词根的互指性，确保前后呼应，语篇连贯。这三项指标对综合写作表现的影响也属于综合写作测试的构念范围，即在内容上确保论证充分，在结构上达到通顺流畅，在语言上实现用词多样。

综上，提示的不同话题域会使综合写作文本呈现出不同侧重的文本特征，而不同的文本特征体现了考生英语写作能力的方方面面，验证了提示固有特征对综合写作测试分数的解释是"富有意义"的。

就显性对立观点提示对综合写作文本的影响而言，具有影响力的文本特征指标包括词数、实词习得年龄、词汇多样性和相邻段落语义承袭性。词数对作文得分有较大影响，表明考生在议论文写作中需做到论据充实、论证充分，而词汇多样性也强调考生从多角度展开论证。实词习得年龄强调对低频复杂词汇的使用；相邻段落语义承袭性强调议论文中的前后呼应、语义连贯。这些指标都体现了综合写作任务所要求的写作能力，即在内容上论证充分严密，在结构上通顺连贯，在语言上用词恰当丰富等。

就隐性对立观点提示对综合写作文本的影响而言，具有影响力的文本特征指标包括词数、文本叙事性、动词衔接、实词句间重叠率和词汇多样性。除上述已讨论过的词数与词汇多样性指标外，文本叙事性要求议论文中的事例叙述简练概括；动词衔接与事例叙述中的动词重复使用有关，强调少用重复动词，偏重议论；而实词句间重叠率也同样强调相邻句间的动词重现率低，以不同实词来表意，而非重复使用某些实词。这些指标体现了考生写作能力的不同侧面，即内容上论据充实，结构上衔接自然，语言上丰富多样。

综上，提示的不同任务说明会使综合写作文本显现出不同的文本特征，反映了考生写作能力的不同侧面，证实了"评估使用论证"框架中有关测试记录解释是"富有意义"的。

5.5　小结

简而言之，本章从提示固有特征维度出发考查不同提示固有特征对综合写作文本的影响，主要有两大研究发现：1）不同话题的提示固有特征会使考生作文显现出与话题相关的不同文本特征；2）不同任务说明的提示固有特征会使考生在写作中采用不同的论证模式。此外，本研究还发现，各提示下的作文文本中，词数都是影响综合写作表现的重要文本特征，这与本研究中的综合写作任务的议论文属性相符，即词数是议论文论证充分的必要条件。显现出来的其他文本特征各有差异，也都符合综合写作测试的能力构念假设，提示固有特征的影响并非"构念无关因素"，不构成反驳证据。具体体现在内容上的切中题意、论证严密，结构上的组织有序、衔接紧密，语言上的句式与语言使用灵活贴切等，证实了"评估使用论证"框架中有关综合写作测试记录的解释是"富有意义"的。

需要指出的是，如果要充分验证基于提示影响的综合写作测试效度，我们仍需要收集其他证据，尤其是不同提示维度的效度证据。后面两个章节我们将探讨考生认知维度与评分员认知维度的提示影响，以全方位验证基于提示影响的综合写作测试的效度。

第六章
综合写作测试的效度验证：考生认知维度

本章的主要目的是回答第二个研究问题，即考生对提示特征的认知与其综合写作表现之间的关系研究，并采用 Bachman & Palmer（2010）的"评估使用论证"框架对考生认知维度的综合写作测试进行效度验证。针对该研究目的，本章的实证研究部分旨在回答以下具体的研究问题：考生对提示特征的认知是否会对其写作表现产生影响？若存在影响，具体是哪些考生认知的提示特征，影响程度如何？

6.1 基于考生认知的提示特征

如第四章 4.2 和 4.3 节所述，有关考生对提示特征的认知数据来自 2014 年"外研社杯"全国大学生英语写作大赛省级复赛的议论文综合写作任务的赛后问卷调查，共有 13 个地区的 371 位参赛学生参与了问卷调查（详见表 4.3）。问卷中共涉及 10 个基于考生认知的提示特征，具体为任务难易度、任务熟悉度、指令清晰度、提示难易度、观点外联性、提示熟悉度、观点认同感、话题趣味性、任务表达欲与提示有用性（详见表 4.7）。本节中，我们将对基于考生认知的提示特征进行探索性因子分析，找出多元提示变量的本质结构。

探索性因子分析结果显示，KMO 抽样适度测定值为 0.723，大于 0.6 的临界值，说明考生问卷中的各提示变量间的共同因子较多，数据适合进行探索性因子分析；Bartlett 球形检验值显著（$p<0.001$），同样证实了本研究中的数据可以做探索性因子分析。采用主成分分析法来确定因子变量，经方差极大正交旋转后得到因子载荷矩阵，如表 6.1 所示。提取出特征值大于 1 的三个共性因子，能解释的方差量达 48.568%（详见表 6.2）。相应地，在用碎石图对因子进行目测时，也证实了三个共性因子的结果。

表 6.1　基于考生认知的提示特征的探索性因子分析结果

提示特征变量	共性因子成分		
	因子 1	因子 2	因子 3
任务表达欲	.772	.119	-.038
话题趣味性	.694	.056	.025
提示熟悉度	.574	.393	-.042
提示有用性	.562	-.234	-.075
任务熟悉度	.499	.231	.203
提示难易度	.078	.729	-.049
观点外联性	-.090	.624	-.139
任务难易度	.277	.521	.173
观点认同感	.193	-.145	.797
指令清晰度	.427	-.068	-.582

表 6.2　基于考生认知的提示特征的探索性因子分析结果：方差解释量

因子	因子命名	特征值	方差解释量	累计方差解释量
因子 1	提示知识	2.472	24.719	24.719
因子 2	提示难度	1.321	13.206	37.925
因子 3	提示认同	1.064	10.643	48.568

如表 6.1 所示，通过对 10 个基于考生认知的提示特征进行探索性因子分析，得到因子 1 包括任务表达欲、话题趣味性、提示熟悉度、提示有用性和任务熟悉度，主要与考生对提示的了解程度以及知识有关，可以抽象为"提示知识"。因子 2 包括提示难易度、观点外联性和任务难易度，主要与考生对提示难度的认知有关，可以抽象为"提示难度"。因子 3 包括观点认同感和指令清晰度，且其中的指令清晰度的因子载荷为 -0.582，为逆向指标，表明该指标与因子 3 呈负相关，主要和考生对提示的认同感有关，可以抽象为"提示认同"。根据 Kenny（1979）提出的"二因子分析法则"（two-indicator rule），构建一个测量模型的基本条件是一个潜在变量至少由两个观察变量组成，上述因子聚合满足该条件。我们对因子分析结果作了描述性总表，得到表 6.3。

表 6.3 基于考生认知的提示特征的因子描述表

因子	因子构成	考生问卷题项序号
提示知识	任务熟悉度	2
	提示熟悉度	6
	话题趣味性	8
	任务表达欲	9
	提示有用性	10
提示难度	任务难易度	1
	提示难易度	4
	观点外联性	5
提示认同	指令清晰度	3
	观点认同感	7

6.2 基于考生认知的提示特征对综合写作表现的影响估算

根据第四章4.4节的数据分析步骤，本节将从多层线性模型的影响估算与结构方程模型的影响估算这两个层面来呈现数据分析结果。

6.2.1 基于多层线性模型的提示认知影响估算

如3.5.2节所述，多层线性模型用于解决嵌套数据的分层级分析问题。鉴于不同地区采用不同提示，我们将背景因素设定为不同地区，分析不同地区所用的提示是否会导致考生在综合写作上表现的差异，并进而分析背景因素与考生个体因素等自变量对考生综合写作表现的影响。在本研究中，我们将综合写作表现这个因变量细分为综合写作得分、内容得分、结构得分、语言得分，对各个因变量逐一构建多层线性模型，分析预测变量对数据变异的解释。首先通过构建每个因变量的零模型，评估是否有必要对数据进行多层线性模型分析；基于建模必要性，增加预测变量（语言水平、基于考生认知的提示特征等）构建完整模型，既包含第一层的预测变量，又包含第二层的预测变量，判断预测变量能否解释模型中的方差变异。

表6.4概括了多层线性模型中各变量的描述性指标。就二层提示变量而言，经五级李克特量表测量（计分范围为1-5分），统计平均值为3，表明提示变量属于中等程度，即中等难易度、中等熟悉度、中等清晰度等；平均值为4则表明提示变量属于偏易程度，即较易、较熟悉、较清晰等，以此类推。从表6.4提示变量的统计结果来看，任务难易度、提示难易度和观点外联性的平均值为2.437至3.094，介于较难与中等难度之间；任务熟悉度、提示熟悉度、观点认同感、话题趣味性和任务表达欲的平均值为3.531至3.766，表明考生倾向于认为提示较为熟悉、有趣、有认同感等；指令清晰度和提示有用性的平均值均大于4，表明考生普遍认为指令非常清晰、提示对写作非常有帮助。此外，表6.4还报告了基于考生认知的提示特征与其综合写作表现（综合写作得分、内容得分、结构得分和语言得分）之间的相关关

系。同时经共线性检验，未发现各变量间的共线性关系。由于各相关系数总体较小，相关关系较弱，我们将相关系数的临界值设为 ±0.01，任何两个变量间的相关系数小于绝对值 0.01，可视为不相关，将不进入多层线性模型分析。

表 6.4 多层线性模型中各变量的描述性统计

变量	总数	平均值	标准差	最小值	最大值	ra	rb	rc	rd
一层 – 地区									
综合写作得分	371	6.779	.930	4.13	9.07	—	—	—	—
内容得分	371	6.872	.951	3.67	9.00	—	—	—	—
结构得分	371	6.769	1.000	3.00	9.25	—	—	—	—
语言得分	371	6.640	.987	3.75	9.25	—	—	—	—
语言水平	371	6.573	1.172	3.60	9.40	—	—	—	—
二层 – 提示									
任务难易度	371	2.868	.443	1.00	4.00	-.035	.001	-.031	-.063
任务熟悉度	371	3.687	.860	1.00	5.00	.103*	.119*	.087	.093
指令清晰度	371	4.113	.463	2.00	5.00	.011	.002	.032	.025
提示难易度	371	3.094	.540	1.00	5.00	.019	.014	.017	-.018
观点外联性	371	2.437	.899	1.00	5.00	-.037	.004	-.054	-.066
提示熟悉度	371	3.766	.747	1.00	5.00	.063	.105*	.034	.002
观点认同感	371	3.588	.753	1.00	5.00	-.023	.006	-.020	-.022
话题趣味性	371	3.752	.688	2.00	5.00	.075	.095	.050	.026
任务表达欲	371	3.531	.779	1.00	5.00	.141**	.154**	.131*	.116*
提示有用性	371	4.477	.552	2.00	5.00	.121*	.123*	.103*	.103*

注：r^a 表示二层变量与综合写作得分的相关系数。

r^b 表示二层变量与内容得分的相关系数。

r^c 表示二层变量与结构得分的相关系数。

r^d 表示二层变量与语言得分的相关系数。

**$p<0.001$，*$p<0.005$。

就模型构建而言，综合写作得分设为因变量，那么与综合写作得分有较高相关性的提示变量就有一定概率能解释模型中可能的方差变异。从表6.4来看，只有3个提示特征（任务熟悉度、任务表达欲和提示有用性）与综合写作得分呈显著相关关系，但相关系数仍较小；其他提示特征与综合写作得分的相关系数均高于我们设定的临界值（绝对值0.01），都将进入模型。因此在有关综合写作得分为因变量的多层线性模型中，将有10个二层提示变量进入模型分析。零模型分析结果显示（表6.5），残差估计值为0.555，且具有统计学意义；截距方差为0.43，且具有统计学意义，这说明不同地区间的综合写作得分存在差异。本零模型的组内相关系数（ICC，Bartko, 1976; Bliese, 2013）（即截距方差/（残差+截距方差））为0.44，而在教育测量中，组内相关系数介于0.05与0.20之间的为正常区间（Snijders & Bosker, 1999），该模型中的组内相关系数为0.44，大于0.20，表明综合写作得分中有44%的方差可以通过嵌套效应来解释，有必要进行多层线性建模。

表6.5　综合写作得分零模型的统计结果

参数	估计值	标准误	Wald 检验	p 值
残差	.555	.041	13.384	.000
截距 [对象 = 地区] 方差	.430	.189	2.277	.023

基于零模型的建模必要性分析，构建完整模型，在模型中加入一层和二层的预测变量（语言水平和基于考生认知的各提示特征），考查预测变量对综合写作得分方差的解释程度。表6.6报告了完整模型的统计结果。在该多层线性模型中，数据中3个提示的统计值表明不同地区所用的不同提示在总体上没有差异，即提示对该地区的参赛学生而言，是公平的。其他预测变量的统计值显示只有语言水平能显著解释综合写作得分的方差（$p<0.001$），即考生在语言水平上的差异会导致其在综合写作得分上的差异；而其他基于考生认知的各提示特征均不具有统计学意义，尤其是任务熟悉度、任务表达欲和提示

有用性这 3 个提示特征，虽然与综合写作得分呈显著相关（表 6.4），但在多层线性模型的统计中不具有足够的预测力。下文我们将按此分析步骤逐一对其他综合写作得分的因变量构建多层线性模型。

表 6.6　综合写作得分多层线性模型的统计结果

参数	估计值	标准误	df 值	t 值	p 值
截距	4.555	.872	15.776	5.223	.000
[提示 =6]	-.162	.694	4.957	-.233	.825
[提示 =7]	.103	.664	4.703	.155	.883
[提示 =8]	0^a	0	.	.	.
语言水平	.299	.040	20.706	7.480	.000
任务难易度	-.113	.092	10.711	-1.227	.246
任务熟悉度	.055	.046	329.364	1.191	.234
指令清晰度	-.026	.080	326.436	-.321	.748
提示难易度	.112	.090	12.078	1.241	.238
观点外联性	-.038	.047	5.126	-.805	.456
提示熟悉度	.119	.070	16.440	1.711	.106
观点认同感	-.075	.068	11.568	-1.098	.295
话题趣味性	-.055	.061	319.575	-.907	.365
任务表达欲	.051	.071	6.422	.717	.498
提示有用性	.034	.068	295.613	.510	.611

注：a 因为此参数冗余，所以将其设为 0。

同理，我们将内容得分设为因变量构建多层线性模型。有关提示变量与内容得分的相关关系（表 6.4）显示，任务熟悉度、提示熟悉度、任务表达欲和提示有用性这 4 个提示变量与内容得分呈显著相关关系。其他提示变量（如任务难易度、指令清晰度、观点外联性和观点认同感）均因相关系数太小（小于 0.01）而未能进入分析模型，因此共有 6 个提示变量作为自变量进入多层线性模型。

首先，内容得分零模型分析结果（表 6.7）显示，残差估计值为 0.628，且具有统计学意义；截距方差为 0.422，且具有统计学意义，这说明不同地区间的内容得分有差异。本零模型的组内相关系数为 0.40，表明内容得分中有较多方差可以通过嵌套效应来解释，有必要进行多层线性建模。

表 6.7　内容得分零模型的统计结果

参数	估计值	标准误	Wald 检验	p 值
残差	.628	.047	13.382	.000
截距 [对象 = 地区] 方差	.422	.188	2.241	.025

基于零模型的建模必要性分析，构建完整模型，在模型中加入一层和二层的预测变量（语言水平和基于考生认知的各提示特征），考查预测变量对内容得分的方差解释程度。表 6.8 报告了完整模型的统计结果。与综合写作得分的多层线性模型相似，语言水平是解释内容得分方差的唯一显著因素，其他 6 个提示特征均无显著影响。

表 6.8　内容得分多层线性模型的统计结果

参数	估计值	标准误	df 值	t 值	p 值
截距	4.018	.678	36.302	5.931	.000
[提示 =6]	-.272	.520	8.319	-.523	.615
[提示 =7]	.103	.492	8.795	.209	.839
[提示 =8]	0^a	0	.	.	.
语言水平	.307	.042	330.207	7.149	.000
任务熟悉度	.044	.049	348.889	.905	.366
提示难易度	.033	.088	20.383	.378	.709
提示熟悉度	.110	.069	27.515	1.591	.123

（待续）

(续表)

参数	估计值	标准误	df 值	t 值	p 值
话题趣味性	-.051	.066	346.270	-.778	.437
任务表达欲	.043	.064	7.633	.677	.519
提示有用性	.060	.074	346.776	.814	.416

注：a 因为此参数冗余，所以将其设为 0。

同理，我们将结构得分设为因变量构建多层线性模型。有关提示变量与结构得分的相关关系（表6.4）显示，仅有 2 个提示变量（任务表达欲与提示有用性）与结构得分呈显著相关关系，其他 8 个提示变量的相关系数虽然较小，但都大于我们所设定的临界值，因此均纳入多层线性模型中。

结构得分零模型分析结果（表 6.9）显示，残差估计值为 0.655，且具有统计学意义；截距方差为 0.438，且具有统计学意义，这说明不同地区间的作文结构得分有差异。本零模型的组内相关系数为 0.40，表明结构得分中有较多方差可以通过嵌套效应来解释，有必要进行多层线性建模。

表 6.9 结构得分零模型的统计结果

参数	估计值	标准误	Wald 检验	p 值
残差	.655	.049	13.386	.000
截距 [对象 = 地区] 方差	.438	.198	2.259	.024

基于以上零模型分析，构建完整模型，在模型中同样加入一层和二层的预测变量（语言水平和基于考生认知的各提示特征），考查预测变量对结构得分的方差解释程度。表 6.10 报告了完整模型的统计结果。与上述各多层线性模型发现类似，语言能力仍是影响结构得分的唯一主要因素；而模型中的其他 10 个提示特征对结构得分均无显著影响。

表 6.10 结构得分多层线性模型的统计结果

参数	估计值	标准误	df 值	t 值	p 值
截距	4.597	.951	13.325	4.833	.000
[提示 =6]	-.367	.748	3.997	-.491	.649
[提示 =7]	.072	.714	3.774	.100	.925
[提示 =8]	0^a	0	.	.	.
语言水平	.309	.046	21.405	6.677	.000
任务难易度	-.051	.111	16.006	-.459	.652
任务熟悉度	.044	.041	320.465	.887	.376
指令清晰度	.014	.087	322.894	.162	.872
提示难易度	.108	.084	7.370	1.287	.237
观点外联性	-.073	.058	8.178	-1.253	.245
提示熟悉度	.098	.064	340.746	1.527	.128
观点认同感	-.049	.073	10.303	-.670	.518
话题趣味性	-.100	.066	315.449	-1.507	.133
任务表达欲	.073	.083	10.566	.886	.395
提示有用性	.005	.074	285.257	.062	.950

注：a 因为此参数冗余，所以将其设为 0。

同理，我们采用相同步骤对语言得分也构建了多层线性模型。有关提示变量与语言得分的相关关系（表 6.4）显示，仅有 2 个提示变量（任务表达欲与提示有用性）与语言得分呈显著相关，但相关系数较小；提示熟悉度则与语言得分几乎不相关（r=0.002），可能是因为提示提供了更多内容参考，对语言帮助较小。因此共有 9 个提示变量进入多层该模型。

经语言得分零模型分析，结果如表 6.11 所示，残差估计值为 0.608，且具有统计学意义；截距方差为 0.461，且具有统计学意义，这说明不同地区间的语言得分有差异。本零模型的组内相关系数为

0.43，表明语言得分中有较多方差可以通过嵌套效应来解释，有必要进行多层线性建模。

表 6.11　语言得分零模型的统计结果

参数	估计值	标准误	Wald 检验	p 值
残差	.608	.0455	13.385	
截距 [对象 = 地区] 方差	.461	.203	2.276	.023

基于以上零模型分析，构建完整模型，在模型中同样加入一层和二层的预测变量（语言水平和考生对各提示特征的认知），考查预测变量对语言得分方差的解释程度。表 6.12 报告了完整模型的统计结果。与上述各多层线性模型发现类似，英语语言能力为影响语言得分的主要因素；模型中的其他 9 个提示特征对语言得分均无显著影响。

表 6.12　语言得分多层线性模型的统计结果

参数	估计值	标准误	df 值	t 值	p 值
截距	4.838	.891	26.661	5.432	.000
[提示 =6]	-.112	.667	6.640	-.167	.872
[提示 =7]	.143	.645	6.128	.222	.831
[提示 =8]	0^a	0	.	.	.
语言水平	.280	.040	339.437	7.024	.000
任务难易度	-.144	.099	13.346	-1.457	.168
任务熟悉度	.090	.047	328.264	1.901	.058
指令清晰度	.009	.086	334.195	.106	.916
提示难易度	.076	.089	7.932	.855	.418
观点外联性	-.034	.043	324.424	-.776	.438
观点认同感	-.075	.073	12.744	-1.035	.320
话题趣味性	-.106	.066	329.797	-1.616	.107

（待续）

（续表）

参数	估计值	标准误	df 值	t 值	p 值
任务表达欲	.114	.084	17.017	1.362	.191
提示有用性	.035	.073	311.428	.487	.627

注：a 因为此参数冗余，所以将其设为 0。

以上各模型分别以综合写作得分、内容得分、结构得分、语言得分为因变量进行了多层线性模型分析，发现语言水平是影响作文各项得分的重要因素，而考生对各提示特征的认知对于作文的各项得分几乎无影响。鉴于各提示特征可聚合成三大高阶特征因子，分别为提示知识、提示难度和提示认同（如表6.3所示），可采用多层线性模型考查聚合后的提示因子是否会影响考生的综合写作得分。表6.13报告了多层线性模型中提示因子的描述性统计值。提示知识与综合写作得分呈显著正相关（r=0.153, p<0.01），提示难度和提示认同与综合写作得分的相关系数不显著。与上述对综合写作得分的多层线性模型分析类似，通过对综合写作得分构建零模型（表6.5），结果发现组内相关系数为0.44，表明有必要进行多层线性建模。

表6.13　多层线性模型中提示因子变量的描述性统计

变量	总数	平均值	标准差	最小值	最大值	r²
一层 – 地区						
综合写作得分	371	6.779	.930	4.13	9.07	—
语言水平	371	6.573	1.172	3.60	9.40	—
二层 – 提示						
提示知识	371	3.843	.476	2.40	4.80	.153**
提示难度	371	2.780	.433	1.33	4.33	-.030
提示认同	371	3.850	.429	2.50	5.00	-.014

注：r² 表示二层变量与综合写作得分的相关系数。
　　**p<0.001。

基于综合写作得分的零模型分析（表6.5），在完整模型中增加一层预测变量与二层预测变量以解释综合写作得分中的方差。模型统计结果（表6.14）显示，语言水平能显著解释综合写作得分中的方差，而提示知识也能较显著解释综合写作得分中的方差，另外两个提示因子（提示难度与提示认同）均不显著。

表6.14 综合写作得分多层线性模型的统计结果（提示因子变量）

参数	估计值	标准误	df值	t值	p值
截距	4.784	.706	35.211	6.777	.000
[提示=6]	-.308	.515	6.637	-.598	.569
[提示=7]	.128	.489	7.307	.262	.801
[提示=8]	0^a	0	.	.	.
语言水平	.278	.034	28.500	6.973	.000
提示知识	.216	.082	15.085	2.644	.018
提示难度	-.017	.108	22.423	-.157	.877
提示认同	-.132	.092	69.140	-1.432	.157

注：a 因为此参数冗余，所以将其设为0。

6.2.2 基于结构方程模型的提示认知影响估算

本章6.2.1节中采用多层线性模型分离背景因素，以精确测量各变量之间的关系，发现语言能力是写作得分最显著的影响因素，而提示知识是较显著的次要影响因素。Heck & Thomas（2015）指出多层线性模型无法处理相依误差（dependent errors），而结构方程模型能修正测量误差并构拟各变量间的直接影响、间接影响与总影响，测量更精确可信。因此，基于多层线性模型的探索性发现，本节采用结构方程模型进一步验证考生对提示特征的认知与其综合写作表现之间的关系。

基于探索性因子分析与多层线性模型的分析结果，设定三个提示因子（提示难度、提示知识、提示认同）与综合写作表现之间为互相影响关系，将模型设定为非递归模型，即潜在变量之间有回溯关系，残差之间具有残差相关，据此建立初始模型，具体如图 6.1 所示。

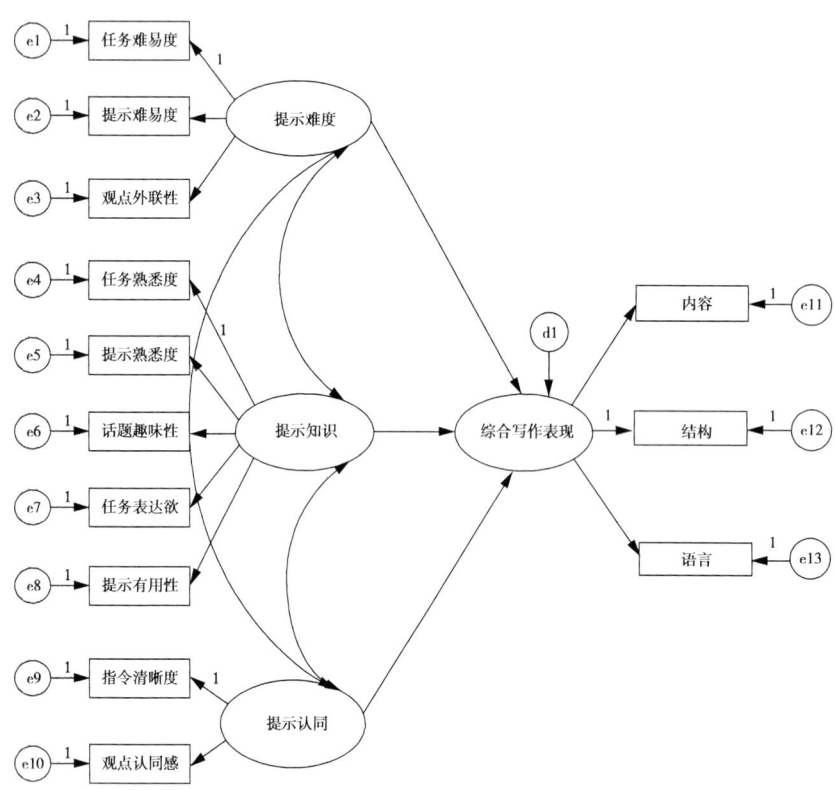

图 6.1 初始模型：考生对提示特征的认知与其综合写作表现之间的关系模型

对初始模型进行试测，发现初始模型与数据不拟合，原因在于提示认同的测量模型参数出现 Heywood 情形（Heywood case），即模型估计所得的误差方差的估计值为负值，这在因子分析与结构方程模型的测量模型中较为常见（Kolenikov & Bollen, 2012）。导致此类模型识别率低的原因有很多，如样本数量太少、潜在变量仅有 1 个或 2 个观察变量构成、参数设定错误、模型中有较多离散变量、变量间有极高或极低的相关关系等（McCoach, 2003; Kline, 2005）。根据初始模型的拟合指标与模型修改建议，发现该模型中的 Heywood 情形主要是由于构成潜在变量的观察变量数量过少，即提示认同仅由指令清晰度和观点认同感两个观察变量构成，因此该测量模型需要修改。基于本章中有关探索性因子分析与多层线性模型的分析结果，指令清晰度与观点认同感对提示认同的因子解释力相对较弱，且提示认同对综合写作的影响也不具有统计学意义，我们决定删除提示认同的测量模型，并重新配置模型。经检验并对比新模型与初始模型的模型拟合指标，如卡方检验值、SRMR 值、RMSEA 值、CFI 值、TLI 值、AIC 值等，新模型与数据拟合较好，最终确立该模型为假设模型，并不再进行修正，以免产生模型过度拟合问题，具体如图 6.2 所示。

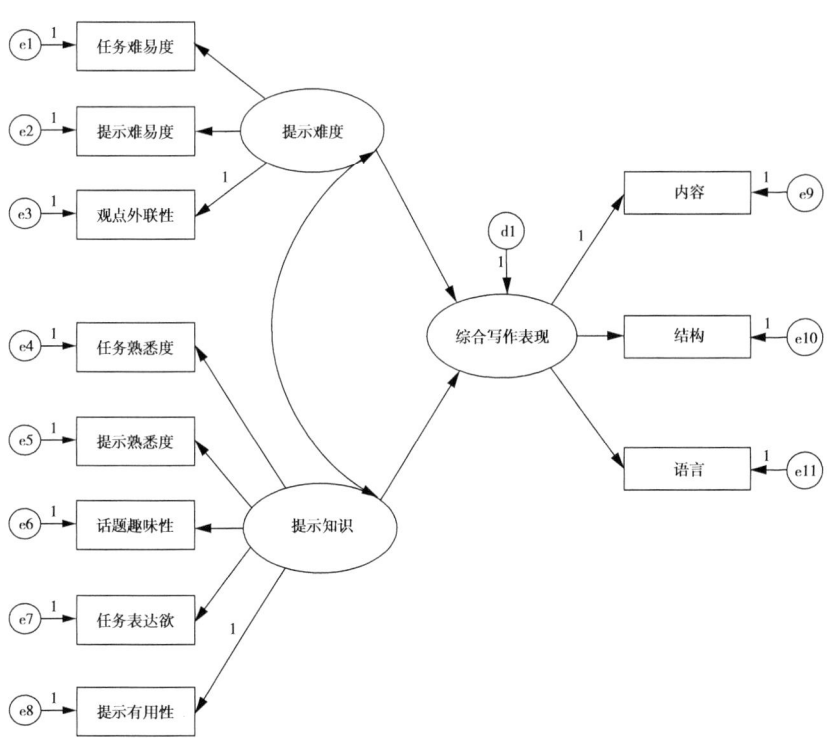

图 6.2 假设模型：考生对提示特征的认知与其综合写作表现之间的关系模型

图 6.2 的假设模型模拟了各观察变量与潜在变量之间的可能关系。经计算后，模型与数据拟合度如下：χ^2 (41)=80.594, SRMR=0.470, RMSEA=0.051, CFI=0.973, TLI=0.963。Hu & Bentler（1999）提出的模型拟合度判断标准为：SRMR ≤ 0.08, RMSEA ≤ 0.06, CFI ≥ 0.95, TLI ≥ 0.95。根据上述各模型拟合指标的门槛值，可以判定修正后的假设模型与数据拟合良好，具体模型统计如下图 6.3 所示。

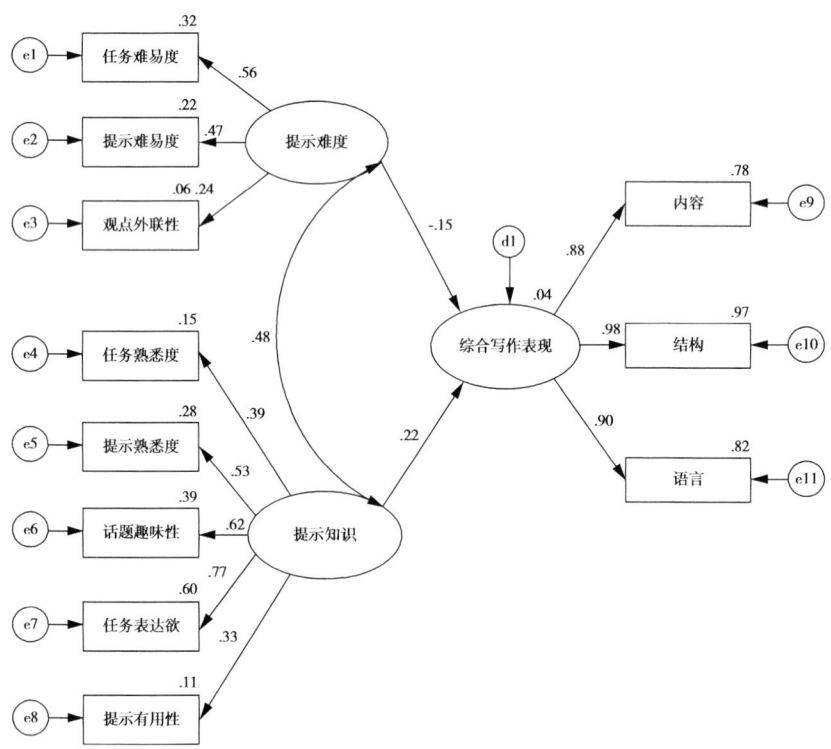

图 6.3　考生对提示特征的认知与其综合写作表现之间的关系模型

从图 6.3 可以看出，任务难易度、提示难易度和观点外联性的路径系数分别为 0.56、0.47 和 0.24。系数上的差异说明这三个观察变量对潜在变量"提示难度"的贡献不等，其中任务难易度与提示难度之间的路径系数（ß=0.56）最大，因此贡献也最大；而观点外联性与提示难度之间的路径系数（ß=0.24）最小，因此贡献最小。但这些路径系数均为有效参数（$p<0.001$），证实了提示难度作为潜在变量的有效性。同样，任务熟悉度、提示熟悉度、话题趣味性、任务表达欲和提示有用性的路径系数分别为 0.39、0.53、0.62、0.77 和 0.33。系数上的差异说明这五个观察变量对潜在变量"提示知识"的贡献不等，其中任务表达欲与提示知识的路径系数最大（ß=0.77），因此贡献也最大；而提示有用性与提示知识的路径系数最小（ß=0.33），因此贡献也最小。尽管各观察变量对潜在变量的贡献各有不同，但各观察变量都较好地预测了潜在变量，具有统计学意义（$p<0.001$）。同理，内容、结构和语言的路径系数分别为 0.88、0.98 和 0.90，说明这三个观察变量对潜在变量"综合写作表现"的贡献虽然略有不同，但都能有效地预测其潜在变量。

图 6.3 中提示难度与提示知识为互相影响关系，相关路径系数为 0.48。若两个潜在变量间的相关路径系数达到 0.85 或以上，则可以判定这两个潜在变量实际测量的是同一个构念（Brown, 2006），而本模型中提示难度与提示知识的相关路径系数（ß=0.48）远低于临界值 0.85，表明提示难度与提示知识为两个相互联系又不同的构念，共同从属于考生对提示特征的认知。

图 6.3 中提示难度与综合写作表现的路径系数为 -0.15，且不具有显著性（$p=0.178$）；提示知识与综合写作表现的路径系数为 0.22，且具有显著性（$p=0.014$）。这一发现与多层线性模型中的发现一致，即提示知识能较显著地解释综合写作表现的差异，而提示难度的影响则均不显著。此外，结构方程模型将各变量的测量误差具体化，能更清晰精确地测量各变量之间的关系。

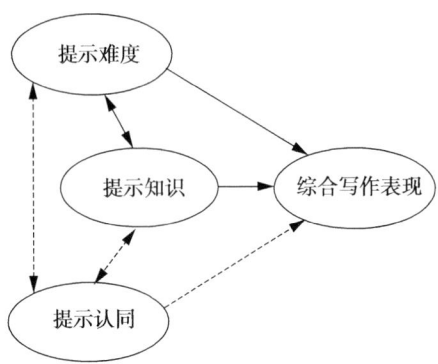

图 6.4　考生对提示特征的认知与其综合写作表现之间的关系简图

基于上述模型修正与估计结果，我们简化了各潜在变量之间的关系，如图 6.4 所示。提示难度与提示知识对综合写作表现有直接影响，而所删除的提示认同可能与提示难度与提示知识存在潜在联系，也可能对综合写作表现有间接作用。

6.3　基于考生认知的提示特征对综合写作表现的影响

上述多层线性模型的探索性分析结果和结构方程模型的验证性分析结果表明，考生的语言水平和考生对提示知识的认知会在一定程度上影响其综合写作表现，而其他提示认知因素的影响则较为微弱。下文我们将具体探讨该影响。

6.3.1　基于多层线性模型的提示影响

如本章 6.2.1 节所示，通过将综合写作表现这个因变量细分为综合写作得分、内容得分、结构得分、语言得分，预测变量分为一层的语言水平与二层的基于考生认知的提示特征（分为单个提示特征与综合后的提示因子），逐一建立多层线性模型，得到各预测变量对因变量方差的不同解释程度，具体结果如下。

第一，不同地区采用不同提示的情况并不影响各地考生写作水平的发挥，即提示本身并非是影响考生写作表现的决定性因素，这与第五章关于提示固有特征影响的发现一致，提示固有特征对考生分数方差的解释力均低于40%，会在一定程度上影响考生的遣词造句与论证策略，但不是其写作质量的决定性因素。同时，这也从另一角度印证了对各提示特征的探索性因子分析，可以将三个提示（提示6、提示7和提示8）融为一体，进行探索性因子分析。

第二，考生的语言水平是影响其综合写作表现的决定性因素，这与以往研究发现一致（Lee & Anderson, 2007; Cho, Rijmen & Novák, 2013）。在任何语言测试中，语言水平是恒定的构念，是一项测试或测试任务的基准，也是测试分数解释的基准（Bachman & Palmer, 2010），是决定考生测试表现的最主要因素。

第三，各多层线性模型均发现考生对各提示特征的认知不会影响其综合写作表现，但相关分析表明考生对部分提示特征的认知与其综合写作表现呈显著相关，但影响力较弱（详见表6.4），这对高质量作文的撰写也有一定的启示。就考生对提示特征认知与其综合写作得分之间的相关关系而言，任务熟悉度（N=371, r=0.103, $p<0.05$）、任务表达欲（N=371, r=0.141, $p<0.01$）和提示有用性（N=371, r=0.121, $p<0.01$）为凸显的提示特征，表明考生对提示的熟悉程度、考生认为根据提示来写的"有话可说"程度、考生认为提示对写作有帮助的程度都会在一定程度上影响其写作水平的发挥，虽然该影响程度可能较微弱。就提示特征与内容得分的相关关系而言，除以上三项提示特征以外，新增一项提示熟悉度（N=371, r=0.105, $p<0.05$），两者的正相关关系表明，如果考生熟悉提示内容，在写作时更容易从自己熟悉的相关知识或经历出发来进行论证，这与Powers & Fowles（1998）的发现一致，即独立写作中考生对话题熟悉，有利于其写作水平的发挥。就提示特征与结构得分、语言得分之间的相关关系而言，两项提示特征（任务表达欲和提示有用性）呈弱相关，表明考生如果认为根据提示有较多想法可以表达，且提示对其写作有帮助，考生能从提示中获取更多启示以改进作文结构与语言。上文仅依据相关分析作了推断，还有待收集其他证据或采用其他分析方法从不同角度进行佐证。

第四，通过将提示特征聚合后的三个高阶特征因子（提示知识、提示难度和提示认同）纳入多层线性模型中，发现提示知识对综合写作得分具有显著影响。相关分析表明提示知识与综合写作得分呈显著弱相关（N=371, r=0.153, $p<0.01$），提示难度与提示认同则均不相关。提示知识由五项提示特征聚合而成，包括任务熟悉度、任务表达欲、提示有用性、提示熟悉度和话题趣味性，其中前三者与综合写作得分均存在显著相关关系，因此聚合后容易生成有较大影响力的高阶特征因子。可以推测，如果考生对提示有较多的知识（即对写作任务和提示内容较熟悉、对话题感兴趣、有较多的想法可以表达以及认为提示对写作有帮助等），那么该考生往往在写作中表现更好；考生对提示的难易度认知以及对提示观点或内容的认同程度均不会影响其写作表现。

综上，多层线性模型的分析结果表明：1）虽然不同地区采用不同提示，但各地考生的综合写作得分没有显著差异，表明各提示对不同地区的考生而言具有公平性；2）考生语言水平是影响其综合写作质量的主要因素；3）基于考生认知的各提示特征没有显著影响其综合写作表现；4）经因子分析后聚合而成的提示知识会显著影响考生的综合写作表现。

6.3.2　基于结构方程模型的提示影响

如本章6.2.2节所示，结构方程模型可容许有更大弹性的测量模型和更精确的变量计算，因此采用结构方程模型来模拟考生对提示特征的认知与其综合写作表现之间的关系。基于相关分析和多层线性模型的分析结果以及模型尝试与修正，最终确定假设模型，且与数据拟合良好（$\chi^2(41)=80.594$, SRMR=0.470, RMSEA=0.051, CFI=0.973, TLI=0.963）。以下我们将从提示难度、提示知识与综合写作表现的各个测量模型出发，来探讨这三者之间的关系。

就模型中考生对提示特征的认知而言，任务难易度（ß=0.56）、提示难易度（ß=0.47）和观点外联性（ß=0.24）都较好地预测了提示难度，其中任务难易度与提示难易度对提示难度的贡献较大，这表明提示难度主要来源于考生对任务难易度与提示难易度的评判，这可能对试题设计有所启示。此外，任务熟悉度（ß=0.39）、提示熟悉度（ß=0.53）、话题趣味性（ß=0.62）、任务表达欲（ß=0.77）和提示有用性（ß=0.33）也都有效地预测了提示知识，其中提示熟悉度、话题趣味性和任务表达欲的贡献较大，表明这些特征能唤起考生对提示的积极反应，这与以往提示研究发现相类似（Polio & Glew, 1996; Powers & Fowles, 1998; Yu, 2009b），即考生对话题熟悉并感兴趣有助于其在议论文写作中的发挥。

就模型中综合写作表现的组构而言，评分标准中涉及的三个方面（内容、结构与语言）都较好地反映了综合写作表现。相比内容而言（ß=0.88），结构（ß=0.98）和语言（ß=0.90）对综合写作表现的贡献较大，这表明结构和语言能较好地解释综合写作表现，可能原因是中国英语学习者倾向于在结构和语言上多花功夫，而在内容提升上略有欠缺。

就模型中考生认知的提示因子与其综合写作表现的关系而言，提示知识对综合写作表现有显著的正面影响，但力度偏弱（ß=0.22, R^2=0.048, $p<0.05$），这与多层线性模型中的发现一致，表明考生对任务熟悉度、提示熟悉度、话题趣味性、任务表达欲和提示有用性持积极态度，将有助于提升其综合写作表现。这是本研究对以往相关研究的推进，进一步模拟了考生对提示的认知与其写作表现的关系。基于提示知识的聚合性，可推测被聚合的各提示特征之间存在共性交互作用：较高的任务与提示熟悉度可适当弥补较低的话题感兴趣程度和较低的"有话可说"程度；但若考生对话题不感兴趣，也没有表达观点的欲望，即使他认为提示材料对写作有帮助，也很难奏效。从实际操作角度来看，保证每个考生对提示具有同等的背景知识，是测试设计的努力方向；从考生角度来看，考生对提示有更多的了解，并对提示持积极态度与信念，则有助于其写作水平的发挥。提示难度作为模型中的另一潜在因子变量，对综合写作表现具有负面影响，但力度更弱，几乎不显著（ß=-0.15, R^2=0.023, $p>0.05$），表明任务难易度、提示难易度和观点外联性所构成的提示难度可能会不利于考生的综合写作。这一反比关系与Cho, Rijmen & Novák（2013）的发现类似，即考生认为提示难度越高，越不利于其综合写作水平的发挥，但在他们的研究中该影响具有显著性。究其原因，可能是因为看似较难的提示易使考生产生畏难情绪，尤其是在限时完成的压力下，考生更易有负面情绪，影响其理清写作思路、展开合理论证。但与以往研究不同（Cho, Rijmen & Novák, 2013），本研究中这一趋向性影响并不具有显著性，我们认为这可能是由于提示难度与提示知识之间的良性互动关系（ß=0.48）所致，即考生对提示知识的积极认知会中和其对提示难度的负面情绪，并最终直接影响其综合写作表现。就提示认同对综合写作表现几乎没有影响这一点而言（图6.4），无论考生是否认同提示内容或观点，无论他们认为指令清晰或模糊，考生都须按要求完成写作任务，因此对提示认同与否这一点在限时作文的压力下更易被忽略。

综上，结构方程模型更清晰地模拟了考生如何认知提示特征、其认知信念又如何影响其综合写作表现，具体发现为：考生认知的提示知识对综合写作表现具有积极的正面影响，而考生认知的提示认同的影响则微乎其微；考生认知的提示难度对综合写作表现具有微弱的负面影响，可能是由于考生对提示知识的积极态度与信念可中和其对提示难度的负面情绪。

6.4 基于"评估使用论证"框架的讨论

如本书第三章3.4节所述，本节将在Bachman & Palmer（2010）的"评估使用论证"框架下探讨基于考生认知的提示特征对其综合写作表现的影响，涉及"评估使用论证"框架中第三个主张中的meaningfulness，对所测能力的解释是"富有意义"的，即检验考生对提示特征的认知是否会影响其写作表现，是否会影响所考查的写作能力构念。本章的实证研究部分属于收集支撑证据或反驳证据，证实或证伪相关理据，并进而证实或证伪"富有意义"这一主张，下文我们将具体探讨。

从多层线性模型分析结果来看，首先，虽然不同地区采用不同提示，但各地参赛学生的综合写作得分没有显著差异，表明提示本身并不是影响考生写作得分的决定性因素，对各地区参赛学生而言具有公平性，同时这一发现也验证了本书第五章有关提示固有特征的效度问题。其次，考生的语言水平是影响其综合写作表现的主要因素，表明综合写作测试所测构念得到了验证，没有构念无关因素影响考生写作表现。再次，基于考生认知的各提示特征均没有显著影响其综合写作表现，该证据表明考生对提示特征的单一认知信念并无影响，但对各提示特征的认知交互作用会组成较大提示因子而影响其写作表现。最后，经各提示特征交互聚合后形成提示因子，其中提示知识对考生的综合写作表现有显著的正面影响，表明考生积极的信念（如任务知识、个人偏好与情感图示等）可促进其写作水平的发挥。

基于上述证据分析，我们认为英语语言能力是决定考生综合写作表现的关键因素，符合综合写作测试的构念效度。而考生对各个提示特征的认知不影响考生的综合写作表现，但聚合后会形成高阶的提示知识因子，对考生综合写作表现产生影响，可见提示知识可能是构念无关因素，影响到测试的构念效度。至于该反驳证据是否成立，我们通过结构方程模型分析进行了效度验证。

本研究采用结构方程模型进一步检验各提示特征之间的交互关系，以确认考生对提示特征的认知是否属于构念无关因素。从模型分析结果来看，首先，提示知识对综合写作表现存在显著的正面影响（ß=0.22, R^2=0.048, $p<0.05$），即提示知识能够解释综合写作表现4.8%的差异，但影响力较弱。其次，提示难度对综合写作表现不具有显著的负面影响（ß=-0.15, R^2=0.023, $p>0.05$），即提示难度能够解释综合写作表现2.3%的差异，影响力更弱。再次，提示认同无法进入模型，对综合写作表现的影响几乎不存在。因此，上述反驳证据表明考生认知的提示因子属于构念无关因素，但因其影响微弱，对构念效度影响较小，反驳不成立，因此本测试具有构念效度。

综上，多层线性模型和结构方程模型的定量分析结果表明，考生对提示特征的认知对其综合写作表现的影响相对复杂，且比较微弱，对构念效度影响较小，不构成反驳证据。而语言能力是决定考生综合写作表现的关键因素，符合综合写作测试的构念效度。

6.5　小结

简而言之，本章从考生认知的提示特征出发，考查考生对不同提示特征的认知信念对其综合写作表现的影响，通过多层线性模型与结构方程模型的交叉分析，更清晰准确地验证了各层次变量间的相互关系，为综合写作测试提供了效度证据。

本研究发现语言能力是影响考生综合写作表现的主要因素，作为支撑证据，为证明综合写作任务使考生展现了其语言能力提供了理据，并进一步证实了测试结果可以用来推断考生的语言能力，即在"评估使用论证"框架中对所测能力解释是"富有意义"的。而考生所认知的提示特征对其综合写作表现的影响则较为复杂微妙，具体体现在：1）考生对各个提示特征的认知没有显著影响其综合写作表现；2）经探索性因子分析提取出的高阶提示特征因子（提示知识、提示难度、提示认同）中，提示知识对综合写作表现有较微弱的正面影响，提示难度对考生的综合写作表现有一定的负面影响，但力度更弱，而提示认同的影响则几乎没有。考生认知的提示特征因其影响较小，不能证伪所测能力构念，不构成反驳。

基于上述分析，综合写作测试中提示的复杂性可见一斑：考生需要先读懂提示才能开始写作。同一提示，不同考生会有不同解读。在从提示文本获取信息的同时，考生会建构起自己的理解，还会根据任务要求与情境要求、回顾个人相关经验或经历，并筛选出最适合写作任务的素材用于写作（Langer，1984），因此提示特征具有与考生认知相互交织的多层面属性，有关提示特征与考生认知的效度证据还有待进一步收集，以更充分地验证综合写作测试的效度。

第七章
综合写作测试的效度验证：评分员认知维度

本章的主要目的是回答第三个研究问题，即评分员对提示特征的认知对综合写作评分的影响研究，并采用 Bachman & Palmer（2010）的"评估使用论证"框架对评分员认知维度的综合写作测试进行效度验证。针对该研究目的，本章的实证研究部分旨在回答以下具体的研究问题：评分员对提示特征的认知是否会对其评分产生影响？若存在影响，具体是怎样的影响？

7.1 基于评分员认知的提示特征与评分标准

如第四章 4.2 和 4.3 节所述，有关评分员的数据来自 2014 年"外研社杯"全国大学生英语写作大赛省级复赛的议论文综合写作任务的实际评分和评分员的即时问卷，共有 10 个地区的 35 位评分员参与了问卷调查，回收有效问卷 30 份（详见表 4.4）。问卷中共涉及 6 项评分员对提示特征的认知，包括任务难易度、提示难易度、提示熟悉度、指令清晰度、话题趣味性和提示有用性（详见表 4.8）以及 19 项评分员对评分标准的评价或看法，涉及内容、结构、语言和提示使用等四个方面（详见表 4.9）。

7.2 基于评分员认知的提示特征对综合写作评分的影响估算

根据第四章 4.4 节的数据分析步骤，本节将通过多层面 Rasch 模型探知综合写作任务评分过程中的评分误差，涉及评分员严厉度、评分难易度和评分员与考生的偏差交互等评分误差。结合评分员对提示特征与评分标准的认知信念，估算评分员的认知信念对其评分决策的影响。

7.2.1 基于评分员严厉度的提示影响估算

感知偏差在日常生活中普遍存在，是自我对事物的感知与该事物真实情况之间的不对等关系，而评分员的严厉度就是其中一种由评分员感知偏差导致的评分差异。本节采用多层面 Rasch 模型来检查评分员的评分准确性，并采用二元逻辑回归方法来分析评分员对提示特征的认知与其评分严厉度之间的关系。

如第四章 4.2.1 节所述，评分员问卷共涉及 10 个地区的 35 位评分员，其中 5 位评分员（JL1、LN1、LN5、NM2 和 SD4）因未能提供有效问卷而被剔除。但为保证数据分析的完整性，这 35 位评分员均进入多层面 Rasch 模型。表 7.1 报告了各地区评分员层面的模型统计。

表 7.1 多层面 Rasch 模型下评分员严厉度的统计结果

评分员	评阅量	观察分	度量值（模型标准误）	加权均方拟合值	未加权均方拟合值	分隔系数	分隔信度	卡方值
HN3	99	4.48	.84 (.13)	1.14	1.17	9.26	.99	169.7**
HN2	99	4.64	.60 (.13)	.85	.91			
HN1	99	5.84	-1.44 (.14)	.95	.95			
ZJ2	307	7.05	.07 (.10)	1.50	1.57	.45	.17	1.2
ZJ1	693	6.57	-.07 (.07)	.74	.75			
GD1	249	4.99	1.64 (.10)	.84	.88	16.88	1.00	494.2**
GD2	249	6.24	-.68 (.08)	1.12	1.18			
GD3	249	6.43	-.96 (.08)	.82	.84			

（待续）

（续表）

评分员	评阅量	观察分	度量值（模型标准误）	加权均方拟合值	未加权均方拟合值	分隔系数	分隔信度	卡方值
HB3	270	7.27	.18 (.08)	1.20	1.18	2.64	.87	15.8**
HB1	270	7.27	.09 (.08)	1.07	1.08			
HB2	270	7.40	-.26 (.08)	.70	.71			
HuN2	162	7.28	1.39 (.14)	.75	.75	8.86	.99	154.5**
HuN3	168	8.02	-.66 (.13)	1.04	1.04			
HuN1	162	8.09	-.73 (.13)	1.18	1.17			
JL3	126	6.77	.67 (.13)	.98	.97	4.37	.95	39.7**
JL2	126	7.22	-.31 (.13)	.91	.90			
JL1	126	7.20	-.35 (.13)	1.11	1.08			
LN7	111	5.91	.81 (.12)	.85	.86	5.75	.97	204.8**
LN3	105	6.55	.51 (.13)	1.16	1.15			
LN2	111	6.15	.49 (.12)	1.11	1.13			
LN4	108	6.76	.26 (.12)	.90	.89			
LN6	111	6.83	-.32 (.12)	1.23	1.24			
LN5	111	7.23	-.57 (.12)	.78	.78			
LN1	111	7.34	-1.19 (.12)	.93	.94			
NM2	93	6.61	.62 (.09)	.90	.97	4.19	.95	66.3**
NM1	90	7.50	.01 (.11)	.74	.83			
NM4	93	7.45	-.23 (.11)	1.09	1.09			
NM3	93	7.85	-.40 (.11)	.89	.94			
SD3	210	7.72	1.11 (.10)	.80	.81	10.09	.99	270.6**
SD1	210	8.05	.38 (.10)	1.17	1.17			
SD2	210	8.20	.05 (.11)	.99	.98			
SD4	210	8.78	-1.54 (.13)	.91	.93			
BJ2	192	6.11	.61 (.10)	.90	.89	8.78	.99	157.9**
BJ1	192	6.19	.39 (.10)	1.06	1.06			
BJ3	198	6.95	-1.00 (.10)	1.00	1.03			

注：HN 表示海南；ZJ 表示浙江；GD 表示广东；HB 表示河北；HuN 表示湖南；JL 表示吉林；LN 表示辽宁；NM 表示内蒙古；SD 表示山东；BJ 表示北京。
**$p<0.001$。

在表 7.1 中，第一列为评分员，以地区前两个字的拼音首字母大写格式作为代称，并以序号 1、2、3 等作为该地区评分员的代号。第二列为评阅量，各地区的写作评分采取多评制，各评分员所评阅作文有重合。第三列为各地评分员所评阅的各地考生作文的原始平均分。第四列为每位评分员严厉度的度量值（以 logit 为统一单位）以及模型估算的精确度，其中各地区中最大度量值为 1.64，最小度量值为 -1.54，表明总体上评分员在最严厉与最宽松之间的差值达 3.18 个 logit；且模型标准误普遍较低，在 0.07 至 0.14 间浮动，表明模型估算较为精确。

第五列和第六列分别为模型拟合统计值：加权均方拟合值（Infit MnSq）和未加权均方拟合值（Outfit MnSq），用于衡量每一位评分员的实际评分值与模型预测值之间的拟合程度，即评分信度（Weigle, 1998; Bond & Fox, 2007; Barkaoui, 2014）。拟合统计量的期望值为 1，即实际评分与模型预测完全一致，表明评分员具有评分一致性，且对各考生与评分标准均具有一致的严厉度；但在实际情况中，拟合统计量往往会以期望值为基准上下浮动，可接受的拟合值区间为 0.5 至 1.5（Wright & Linacre, 1994; Linacre, 2002），低于该区间的拟合值为过度拟合（overfit），即评分过于一致；而高于该区间的拟合值为欠拟合（underfit），即评分完全不一致。本研究中几乎所有评分员在模型中的拟合值均在 0.5 至 1.5 区间内，具有较好的评分一致性。

第七列、第八列和第九列分别为各地区评分员层面的分隔系数（separation）、分隔信度（reliability）与卡方检验值（χ^2 statistics），用于衡量各地区评分员个体之间是否存在显著差异。一般分隔系数大于 2，表示个体之间存在明显差异（Myford & Wolfe, 2004）。本研究中，浙江省的分隔系数较小（为 0.45），表明浙江省的评分员在严厉度上差异较小，而其他地区评分员的分隔系数均大于 2（跨度为 2.64 至 16.88），表明这些地区的评分员在严厉度上有较大差异。分隔信度，不同于一般意义上的信度含义，用于衡量评分员之间的显著差异程度，接近 0 为最佳值，表明评分员之间没有显著差异，几乎可以互相替代

(McNamara, 1996; Weigle, 1999），而接近 1 则表明评分员之间有显著差异。本研究中除浙江省（0.17）以外，绝大部分地区的分隔信度均超过 0.95，表明大部分地区的评分员在严厉度上存在显著差异。卡方检验值与分隔系数、分隔信度类似，用于衡量各地区评分员在统计学上的差异。卡方值越低、越不显著，表明评分员个体无差异的零假设成立（Weigle, 1998），而卡方值越大，则说明评分员间的差异越显著。本研究中除了浙江省以外，其他地区的评分员在严厉度上均具有显著差异。

以上多层面 Rasch 模型中各地评分员层面的统计结果表明，各地区评分员均具有较好的评分信度，且大部分评分员在严厉度上有显著差异。根据多层面 Rasch 模型对评分员严厉度的统计（表 7.1），评分员严厉度最大跨度为 -1.54 至 1.64 的 3.18 个 logit。我们对评分员进行混合后重新分组，即按模型中的严厉度度量值来分组，分组基准为 logit 量尺的中间度量值 0，大于 0 划分为严厉组，等于或小于 0 划分为宽松组，并采用独立样本 t 检验对分组进行了验证，结果发现评分严厉组的评分员（0.56±0.46）与评分宽松组的评分员（-0.59±0.40）在评分严厉度上具有统计学上的显著差异，t=7.025, df=28, p<0.001。表 7.2 为评分员的严厉度分组表。

表 7.2 评分员严厉度分组结果

严厉度	评分员数量	评分员
评分严厉组	18	HN2, HN3, ZJ2, GD1, HB1, HB3, HuN2, JL3, LN2, LN3, LN4, LN7, NM1, SD1, SD2, SD3, BJ1, BJ2
评分宽松组	12	HN1, ZJ1, GD2, GD3, HB2, HuN1, HuN3, JL2, LN6, NM3, NM4, BJ3

注：HN 表示海南；ZJ 表示浙江；GD 表示广东；HB 表示河北；HuN 表示湖南；JL 表示吉林；LN 表示辽宁；NM 表示内蒙古；SD 表示山东；BJ 表示北京。

基于以上的评分严厉/宽松分组，我们采用二元逻辑回归分析以探知预测变量（评分员对提示特征的认知）与二元因变量（评分严厉与评分宽松）之间的关系。通过将预测变量与因变量共同纳入二元逻辑回归模型，Hosmer-Lemeshow 检验首先衡量模型拟合度，卡方值较小，且 p 值为 0.288（大于 0.05），不能拒绝因变量的观察值与模型预测值不存在差异的零假设，即模型的预测值与观察值不存在显著差异，表明模型与数据拟合较好，具体如表 7.3 所示。

表 7.3　二元逻辑回归分析的 Hosmer-Lemeshow 检验

步骤	卡方值	df 值	p 值
1	6.191	5	.288

基于建模可行性分析，最终建立二元逻辑回归模型，得到模型参数检验的结果。表 7.4 列出了模型中各个变量对应的回归系数 β、Wald 统计量值及其对应的显著性 p 值与发生概率 Exp(β)，表示对应自变量一个单位的变化所导致的因变量变化的可能性。用于模型预测的主要参考指标为回归系数 β、显著性 p 值与发生概率 Exp(β) 值，其中显著性则是表明各自变量对应的因变量变化概率是否具有统计学上的显著性意义；Exp(β) 为相应变量的优势比或发生比（odds ratio），即事件发生概率与不发生概率的比值。当回归系数为正值时，发生概率的比值将大于 1，事件更可能发生；相反，当回归系数为负值时，发生概率的比值将小于 1，事件更可能不发生；当回归系数为 0 时，发生概率的比值将等于 1，发生概率都不会变化（王济川、郭志刚，2001）。该逻辑回归模型中，共有 6 项评分员认知的提示变量进入模型，虽然各提示变量在统计学上均不具有显著性，但它们对评分员严厉度均有一定的预测度。

表 7.4　评分员严厉度与其提示认知的二元逻辑回归分析结果

提示变量	回归系数 β	标准误	Wald 检验	df 值	p 值	Exp(β) 值
任务难易度	-.962	1.260	.583	1	.445	.382
提示难易度	-.086	.865	.010	1	.921	.918

（待续）

（续表）

提示变量	回归系数 β	标准误	Wald 检验	df 值	p 值	Exp(β) 值
提示熟悉度	1.559	1.179	1.748	1	.186	4.753
指令清晰度	.011	1.077	.000	1	.992	1.011
话题趣味性	-.804	1.117	.518	1	.472	.447
提示有用性	.587	.862	.464	1	.496	1.799
常量	-2.433	9.226	.070	1	.792	.088

注：Exp(β) 值为相应变量的优势比或发生比率（odds ratio）。

就评分员认知的任务难易度与其严厉度之间的关系而言，回归系数 β 为负值（-0.962），发生概率 Exp(β) 值为 0.382（小于 1），表明评分员认为任务越难，评分严厉更可能不会发生，即评分员认为任务越难，评分越不严厉。就评分员认知的提示难易度与其严厉度之间的关系而言，回归系数 β 为负值（-0.086），发生概率 Exp(β) 值为 0.918（小于 1），表明评分员认为提示越难，其评分越不严厉。就评分员认知的提示熟悉度与其严厉度之间的关系而言，回归系数 β 为正值（1.559），发生概率 Exp(β) 值为 4.753（大于 1），表明提示熟悉度与评分员严厉度之间的正比关系，评分员认为提示越熟悉，其评分越严厉。就评分员认知的指令清晰度与其严厉度之间的关系而言，回归系数 β 为正值（0.011）且接近 0，发生概率 Exp(β) 值为 1.011（接近 1），表明指令清晰度与严厉度之间存在微弱正相关关系，即评分员认为指令越清晰，则评分越严厉。就评分员认知的话题趣味性与其严厉度之间的关系而言，回归系数 β 为负值（-0.804），发生概率 Exp(β) 值为 0.447（小于 1），表明评分严厉的发生概率随着话题趣味性的降低而增大，即评分员对话题越感兴趣，其评分越宽松。就评分员认知的提示有用性与其严厉度之间的关系而言，回归系数 β 为正值（0.587），发生概率 Exp(β) 值为 1.799（大于 1），表明两者之间的正比关系，即评分员认为提示越有用，其评分越严厉。

综上，二元逻辑回归分析表明评分员对提示特征的认知与其评分严厉度之间存在某种正相关或负相关关系，虽然不具有统计学上的显著性意义，但对关系预测的倾向性仍存在，即：1）评分员认为写作任务越难或提示越难，评分越宽松；2）评分员对话题越不感兴趣或认为话题不够有趣味性，评分越严厉；3）评分员认为提示越熟悉、越清晰、越有用，评分就越严厉，反之亦然。

7.2.2 基于评分难易度的提示影响估算

写作测试中评分员误差可能来自评分员的严厉度差异，还可能来自评分员在评分标准上的差异。何莲珍、张洁（2008）指出，考生在各评分标准上的最终得分取决于评分员对该项标准的理解和把握，在实际操作中，某项评分标准越难把握，评分员在该评分标准上的打分越严厉，因此我们将评分标准的严厉度界定为评分难易度。根据多层面 Rasch 模型统计的评分难易度，结合评分员对评分关注点和提示特征认知的问卷调查，以估计两者之间的可能联系。

表 7.5 报告了多层面 Rasch 模型对各地区评分难易度的统计结果，可见各地区评分员对三项评分标准（内容、结构和语言）难易度的实际把握情况。为便于统计区分，我们对 Rasch 模型中三项评分标准的度量值（以 logit 量尺为统一单位）以 0 为分界点作了标记，度量值大于 0 的标为"难"，度量值小于等于 0 的标为"易"，并在"难/易"标记后附上其在 Rasch 模型中的度量值。

表 7.5 多层面 Rasch 模型下评分难易度的统计结果

地区	内容	结构	语言	加权均方拟合值	分隔系数	分隔信度	卡方值
	难/易	难/易	难/易	logit 量尺	—	—	—
海南	1/0(.01)	1/0(.4)	0/1(-.4)	0.89-1.12	2.89	.89	19.0**
浙江	0/1(-.63)	0/1(-.15)	1/0(.78)	0.90-1.17	6.89	.98	96.4**
广东	1/0(.55)	0/1(-.53)	0/1(-.02)	0.89-1.01	6.52	.98	85.7**

（待续）

（续表）

地区	内容	结构	语言	加权均方拟合值	分隔系数	分隔信度	卡方值
河北	0/1(-.31)	0/1(-.01)	1/0(.33)	0.95-1.02	3.75	.93	32.1**
湖南	1/0(.12)	0/1(-.14)	1/0(.02)	0.94-1.06	.00	.00	1.8
吉林	0/1(-.29)	1/0(.72)	0/1(-.43)	0.89-1.07	4.77	.96	46.6**
辽宁	1/0(.48)	0/1(-.46)	0/1(-.02)	0.83-1.10	5.79	.97	68.8**
内蒙古	1/0(.09)	0/1(.00)	0/1(-.09)	0.84-1.00	.17	.03	2
山东	1/0(.02)	0/1(-.22)	1/0(.2)	0.90-1.03	2.04	.81	11.0**
北京	0/1(-.44)	1/0(.19)	1/0(.25)	0.93-1.07	3.74	.93	29.1**
合计	6/4	3/7	5/5	—	—	—	—

注：1. ** $p<0.001$。
2. 对内容、结构、语言的度量值是以 logit 为单位的统一度量值。

表 7.5 中，第二列、第三列和第四列呈现了各地区评分标准层面每一项评分标准（内容、结构和语言）的度量值（即以 logit 为单位的统一度量值），表示各个评分标准的评分难度。经纵向对比各地区的评分难度，发现内容标准总体上偏难（6/4）；结构标准总体上偏易（3/7）；而语言标准总体上难易持平（5/5）。

第五列呈现了各地区评分标准层面的模型拟合度，主要列示了加权均方拟合值（Infit Mnsq），并对各地区的各评分标准的加权均方拟合值作了整合，选取最小值与最大值构成某地区该指标的拟合区间。从表 7.5 可见各地区的模型拟合区间均在 0.5 至 1.5 之间，说明各地区评分标准与模型拟合。

第六列至第八列为各地区评分标准层面的分隔系数、分隔信度和卡方检验值，用于综合评判各地区各评分标准之间的差异是否大于测量误差。其中分隔系数一般要求大于 2，表明个体间有明显差异（Myford & Wolfe, 2004），数值越大，表明个体差异越大；分隔信度接近 1，表明个体之间有显著差异，而分隔信度接近 0，则表明个体之间差异较小；卡方值检验个体之间是否具有同等难度，显著的卡方值表明在实际评分操作中某地区的各评分标准具有不同评分难度。从表7.5可见湖南和内蒙古两个地区的分隔系数和分隔信度较小，且卡方值不显著，说明两地的考生在这三项评分标准上的表现无差异，或是评分员对这三项评分标准的使用无差异。相比之下，其他八个地区的分隔系数和分隔信度都较大，且卡方值显著，说明考生在这三项评分维度上的表现有差异，或评分员对这三项评分标准的理解与把握有差异，或两者皆有。

以上多层面Rasch模型的分析结果表明，评分员在实际评分操作中对评分难易度的把握由难/严到易/松的顺序依次是内容、语言、结构。另外，虽然总体评分难度呈现该次序，但从各个地区来看，评分标准在评分难易度上呈现此消彼长的趋势，即如果某地区某评分员对内容和/或结构评分严厉，那么该评分员对语言的评分往往会宽松，反之亦然。

如第四章所述，共有10个地区的30位评分员提交了有效问卷，评分员问卷依据李克特五级量表研制而成，评分标准的重要性部分共涉及19个题项，分属内容、结构、语言与提示使用四个评分维度，量表计分采用正向计分制，即分值5代表重要性极高，而分值1代表重要性极低。表7.6为具体统计结果。

表7.6 评分员对评分标准重要性认知的统计结果

地区	内容	结构	语言	提示使用
海南	4.67	4.47	4.52	4.17
浙江	4.33	4.50	4.50	4.75
广东	4.44	4.00	4.00	4.00
河北	5.00	4.73	4.52	4.67
湖南	4.78	4.67	4.59	4.83
吉林	4.56	4.27	4.37	3.83
辽宁	4.93	4.88	4.44	4.10

（待续）

(续表)

地区	内容	结构	语言	提示使用
内蒙古	5.00	4.13	3.56	4.00
山东	5.00	4.75	4.39	4.13
北京	4.78	4.33	4.00	3.50
总均值	4.75	4.47	4.29	4.20

从表 7.6 可见，总体上各地区评分员对内容的评判总均值（4.75）高于结构（4.47）和语言（4.29）。具体而言，评分员（浙江除外）均认为内容的重要性高于结构与语言。此外，评分员对结构重要性评判的总均值（4.47）略高于语言（4.29），且结构在各地区的均值也基本都高于语言（吉林除外），说明多数评分员认为考生在作文结构上的表现比其在语言上的表现更为重要。相对而言，海南、吉林、辽宁、山东和北京的评分员不太看重考生在提示使用上的表现，广东和内蒙古的评分员认为考生在提示使用上的表现与其在结构或语言上的表现都不那么重要。

对各地区评分员的调查问卷表明评分员对评分标准重要性评判的排序依次是内容、结构、语言、提示使用。该发现与多层面 Rasch 模型所测量的评分标准层面的评分难度排序相呼应。为便于对比评分员的评分难度与其对评分标准重要性的认知情况，我们对两类数据作了合并，详见表 7.7。

表 7.7 结合了多层面 Rasch 模型统计的评分标准度量值（表 7.5）与评分员认知调查问卷的评分标准重要性统计值（表 7.6）。与上述 Rasch 模型统计中的度量值描述一致，以"难/易"作为 Rasch 度量标识，以评分员问卷中的五级计分统计均值为问卷度量值。首先，多层面 Rasch 模型的评分标准层面的统计结果表明评分员在三项评分标准上的表现有差异，部分地区的评分员倾向于对内容的评判较为严厉而对语言的评判较为宽松。某项评分标准的评分难度与其重要性程度成

正比。以海南省为例，多层面 Rasch 模型统计显示内容属于较难评判部分，同时该评分维度也是评分员所认为的较重要部分；浙江省的情况有类似之处，多层面 Rasch 模型统计显示语言属于较难评判部分，评分员问卷统计显示语言与提示使用的重要性相对较高。基于各地区在 Rasch 度量值与问卷度量值的数据对比，可以发现评分员在评分标准上的倾向性操作：评分员如果认为某项评分标准较重要，那么该评分标准往往较难评判，反之亦然。在实际操作中，某项评分标准越难，评分员对该项评分标准的把握则越严厉（何莲珍、张洁，2008）。据此可以做如下推断：评分员认为某一评分标准越重要，评分标准的把握难度越大，评分员的评分会越严厉。

表 7.7　评分难度与评分标准认知的对比统计

地区	度量标准	内容	结构	语言	提示使用
海南	Rasch 度量（难/易）	1/0	1/0	0/1	---
	问卷五级度量	4.67	4.47	4.52	4.17
浙江	Rasch 度量（难/易）	0/1	0/1	1/0	---
	问卷五级度量	4.33	4.50	4.50	4.75
广东	Rasch 度量（难/易）	1/0	0/1	0/1	---
	问卷五级度量	4.44	4.00	4.00	4.00
河北	Rasch 度量（难/易）	0/1	0/1	1/0	---
	问卷五级度量	5.00	4.73	4.52	4.67
湖南	Rasch 度量（难/易）	1/0	0/1	1/0	---
	问卷五级度量	4.78	4.67	4.59	4.83
吉林	Rasch 度量（难/易）	0/1	1/0	0/1	---
	问卷五级度量	4.56	4.27	4.37	3.83
辽宁	Rasch 度量（难/易）	1/0	0/1	0/1	---
	问卷五级度量	4.93	4.88	4.44	4.10
内蒙古	Rasch 度量（难/易）	1/0	0/1	0/1	---
	问卷五级度量	5.00	4.13	3.56	4.00

（待续）

（续表）

地区	度量标准	内容	结构	语言	提示使用
山东	Rasch 度量（难/易）	1/0	0/1	1/0	---
	问卷五级度量	5.00	4.75	4.39	4.13
北京	Rasch 度量（难/易）	0/1	1/0	1/0	---
	问卷五级度量	4.78	4.33	4.00	3.50
合计	Rasch 度量（难/易）	6/4	3/7	5/5	---
	问卷五级度量	4.75	4.47	4.29	4.20

为进一步探知评分难度与评分员对提示特征认知之间的可能联系，我们整合两者制成统一表格，详见表 7.8。表中加号 "+" 表示评分难/严厉，减号 "-" 表示评分易/宽松，评分员对提示特征的认知为每个地区评分员对问卷量表中各相关题项评判的平均值。如第四章中所述，问卷所采用的李克特五级量表采用正向计分制，即同意程度随着数值增大而逐级递增。通过对比评分难度与提示特征的增减情况，可以发现评分员对提示特征的认知与其对评分标准的把握有一定程度的同步现象，这在内容上表现得较为明显，即评分员认为写作任务越难（最低分值为2.67），且提示材料越难（最低分值为2.67），他在内容的评判上则越严厉；相反，如果评分员认为写作任务难度中等（分值为3.00），且提示材料也属中等难度（分值为3.00），他在内容的评判上则倾向于宽松。而在其他评分标准的评判上未见有这样的同步现象。

表 7.8 基于评分员认知的提示特征与评分难度的对比统计

地区	基于 Rasch 的评分难度			基于评分员认知的提示特征				
	内容	结构	语言	任务难易度	提示难易度	提示熟悉度	指令清晰度	话题趣味性	提示有用性
海南	+	+	-	2.67	2.67	4.00	4.00	4.00	5.00
浙江	-	-	+	3.00	3.50	5.00	3.50	4.00	4.00

（待续）

(续表)

地区	基于 Rasch 的评分难度			基于评分员认知的提示特征				
	内容	结构	语言	任务难易度	提示难易度	提示熟悉度	指令清晰度	话题趣味性	提示有用性
广东	+	−	−	3.00	3.33	3.67	3.67	4.00	4.67
河北	−	−	+	3.33	3.33	4.00	4.00	3.67	5.00
湖南	+	−	+	3.00	2.67	4.33	4.00	4.00	4.67
吉林	−	+	−	3.00	3.00	4.00	4.00	4.00	5.00
辽宁	+	−	−	2.80	2.80	4.40	4.40	4.40	4.60
内蒙古	+	−	−	3.00	3.00	4.00	4.00	4.00	4.33
山东	+	−	+	2.67	3.00	4.00	4.00	4.33	5.00
北京	−	+	+	3.00	3.67	4.00	4.00	4.00	4.67

以上对评分难易度与提示特征认知的研究发现可以概括为：1）多层面 Rasch 模型分析结果表明评分员在实际评分操作中对评分标准把握的难易度由难/严到易/松的顺序依次为内容、结构、语言；2）对评分员的认知调查表明评分员对评分标准重要性评判的顺序依次为内容、结构、语言、提示使用；这与多层面 Rasch 模型分析结果相呼应，说明评分员对评分标准的把握与其对评分标准重要性的认知有一定的匹配度，很可能评分员对评分标准的认知会影响其实际评分操作，即评分员认为某评分标准越重要，评分越严厉，反之亦然；3）对比评分员对提示特征的认知与评分难易度，发现评分员在内容上表现较为明显，即评分员认为提示越难，对内容标准的评判越严厉，反之亦然。本章 7.3 节中我们将对此做详细探讨。

7.2.3 基于评分员与考生偏差交互的提示影响估算

多层面 Rasch 模型还可以用于各层面之间的偏差分析，即实际分数偏离模型预测值的情况。语言测试中的"偏差分析"特指各层面的两两交互作用分析，并检查测试中某一特定方面是否会持续引起有规律的分数偏差（Barkaoui，2014）。如第四章所述，基于本研究所采集的数据，我们对评分员与考生、评分员与评分标准进行了偏差分析的预分析，未发现评分员与评分标准之间存在显著偏差组合，但发现评分员与考生之间存在显著的交互作用，并进而细化对评分员与考生的偏差分析，本节我们将报告有关评分员与考生的偏差交互及其与评分员对提示特征认知的关系。

通过多层面 Rasch 模型分析，得到各地区评分员与考生的偏差作用组合（详见附录6），总数为158个，占所有交互作用组合（1901）的8.3%，一般显著偏差比例在5%左右为可接受的范围（McNamara, 1996），本研究中偏差略多。附录6中详细列示了各偏差交互作用的参数，如偏差度量值（以 logit 为统一单位）、模型标准误、z 分数、加权均方拟合值、自由度以及卡方值，用于衡量各地评分员对某一特殊群体考生是否存在某种规律性的偏差。其中 z 分数的绝对值超过 2，表明存在显著偏差（Lumley & McNamara, 1995; McNamara, 1996），偏差度量值或 z 分数为正值，表明评分员比模型预测的要严厉，而偏差度量值或 z 分数为负值，表明评分员比模型预测的要宽松。根据附录6中显示的显著偏差组合，共有28位评分员对不同水平考生存在评分偏差，只有浙江省的2位评分员与考生没有任何偏差交互。某一地区评分员与考生产生偏差交互的原因可能是由于评分员个人评分特点所致，但通过对各地区评分员的综合分析，可以发现某些规律性的偏差，这也是评分员误差的主要类型。参照何莲珍、张洁（2008）、Schaefer（2008）、李航（2011）等对评分员偏差的分类处理，表7.9总结了评分员与考生之间显著的偏差交互模式，并对评分员作了严厉与宽松的区分。表中的第一行是模型等值后的考生能力度量值（以 logit 为统一单位），从较高水平（4.07个 logit 度量值）到较低水平（-4.96个 logit 度量值）排列；第二行对评分员与考生偏差交互的度量作了严厉与宽松的区分，并对评分员个人按其严厉度的估算（表7.2）作了分组。

表 7.9　多层面 Rasch 模型下评分员与考生的偏差交互模式

考生度量值 (logit)	4.07	3.00~3.99	2.00~2.99	1.00~1.99	0~0.99	−0.99~−0.01	−1.99~−1.00	−2.99~−2.00	−3.99~−3.00	−4.96	合计
严厉/宽松	S/L	S/L	S/L	S/L	S/L	S/L	S/L	S/L	S/L	S/L	S/L
严厉组											
HN2							0/1	1/0	0/1		1/2
HN3		1/0						0/2	3/0		4/2
GD1			0/1	2/1	1/0	1/0	1/0		1/0		7/2
HB1					3/2	0/1					3/3
HB3				0/1	2/1	0/1	1/0				3/3
HuN2			1/0								1/0
JL3			2/0	2/1							4/1
LN2					0/1						0/1
LN3				2/1	1/0		1/0				4/1
LN4				1/3	0/2						1/5
LN7								1/0			1/0
NM1				0/3	1/0	1/0					2/3
SD1				1/0	2/1	2/0	0/3				5/4
SD2					2/2	1/1					3/3
SD3				0/1		1/1	1/0				2/2
BJ1		1/0		0/1	0/1						1/2
BJ2	1/0	1/1	1/0	2/0	0/1						5/2
合计	1/0	3/1	4/1	10/12	12/11	6/4	4/4	3/2	3/1	1/0	47/36
宽松组											
HN1							0/1				0/1
GD2				2/1	1/1		0/2	0/1			3/5
GD3				0/2	1/1						1/3
HB2				1/0	0/3	1/0	0/1				2/4
HuN1			0/1	1/0	1/0	1/0	0/1	1/0			4/2
HuN3				0/1	0/1	0/1	2/0	0/1			2/4
JL2			1/0	0/1	0/1						1/2
LN6				0/1	0/1		0/1				0/3
NM3				0/3	1/0	2/0					3/3
NM4				0/1	0/2	2/2					2/5

（待续）

（续表）

考生度量值 (logit)	4.07	3.00~3.99	2.00~2.99	1.00~1.99	0~0.99	-0.99~-0.01	-1.99~-1.00	-2.99~-2.00	-3.99~-3.00	-4.96	合计
BJ3	0/1	0/1	0/1	0/1	1/0						1/4
合计	0/1	0/1	1/2	4/11	5/10	6/3	2/4	1/4			19/36

注：S 表示 severe，即严厉；L 表示 lenient，即宽松。

从整体上看，严厉组约有 40% 的显著偏差交互（33/83）发生在 -0.99 至 0.99 个 logit 的能力度量区间内，而该区间内宽松组则约有 44% 的显著偏差（24/55），这可能是因为约有一半的考生都属于这个能力度量区间。在 1.00 至 1.99 的考生能力度量区间内，严厉组有 22 例显著偏差交互，宽松组有 15 例。在 -0.99 至 1.99 能力度量区间内，严厉组的显著偏差交互有 55 例，约占严厉组总显著偏差的 66.3%，而宽松组的显著偏差交互有 39 例，约占宽松组总显著偏差的 70.9%，这说明在中偏高能力度量值的考生中出现显著偏差的比例高于能力低的和能力高的考生，也说明评分员不论其属于严厉型或是宽松型，在对能力度量值属于中偏高段的考生进行评分时，出现偏差的概率更大。更值得注意的是，总体上严厉型评分员（83）比宽松型评分员（55）产生更多的偏差交互，说明严厉的评分员比宽松的评分员出现更多偏差。

从高水平考生（能力度量值高于 0.00 个 logit）和低水平考生（能力度量值低于 0.00 个 logit）的显著偏差交互分布来看，严厉型评分员对高水平考生和低水平考生的偏差交互数量分别为 55 例和 28 例，宽松型评分员对高水平考生和低水平考生的偏差交互数量分别为 35 例和 20 例，表明严厉型和宽松型评分员与高水平考生的显著偏差数量要多于他们与低水平考生的显著偏差数量。同时，严厉型评分员对高水平考生（30 例严厉 /25 例宽松）和低水平考生（17 例严厉 /11 例宽松）均倾向于评分更严厉，而宽松型评分员对高水平考生（10 例严厉 /25 例宽松）和低水平考生（9 例严厉 /11 例宽松）也倾向于评分更宽松。另外值得注意的是，严厉型评分员对高水平及较高水平考生（30 例严厉/25 例宽松）比低水平及较低水平考生（17 例严厉/11 例宽松）评分严厉的概率要大，而宽松型评分员对高水平及较高水平考生（10 例严厉/25 例宽松）比低水平及较低水平考生（9 例严厉/11 例宽松）评分宽松的概率要小。

从能力度量值两端的较高水平考生（2.00 至 4.07 能力度量值区间内）和较低水平考生（-2.00 至 -4.96 能力度量值区间内）的显著偏差交互分布来看，严厉型评分员对较高水平和较低水平考生的显著偏差交互分别为 8/2（8 例严厉/2 例宽松）和 7/3（7 例严厉/3 例宽松），说明严厉的评分员对较高和较低水平考生的评分均偏严。宽松型评分员也有类似的偏差模式，即对较高和较低水平考生的显著偏差交互分别为 1/4（1 例严厉/4 例宽松）和 1/4（1 例严厉/4 例宽松），说明宽松的评分员对较高和较低水平考生的评分均偏松。此外，在较高和较低水平考生的显著偏差交互中，严厉的评分员（20 例）比宽松的评分员（10 例）出现偏差的概率更大。

此外，在所有的显著偏差交互中，个别评分员也表现出了其个人特有的偏差模式。如严厉型评分员 HN2 和 HN3 对低水平考生比高水平考生更易发生偏差交互；严厉型评分员 HuN2 和 LN7 都只发生了 1 例显著偏差；严厉型评分员 HN2 对低水平考生的偏差交互模式则较为混乱，说明其自身一致性较差，且评分存在随机性。

综上，对评分员与考生两个层面的偏差交互分析显示：总体上评分员在评判不同能力值的考生时呈现出显著的偏差交互模式：1）评分员对高水平考生评分出现的偏差比例高于其对低水平考生评分出现的偏差；2）严厉的评分员比宽松的评分员出现偏差比例更高；3）严厉的评分员对高水平及较高水平考生评分偏严，宽松的评分员对高水平及较高水平考生评分偏松；4）在对较高水平和较低水平考生进行评分时，严厉的评分员比宽松的评分员出现更多偏差。

以上偏差模式分析表明评分员与考生的偏差交互会影响到评分员的评分决策，而评分员的此类偏差可能与其对提示特征的认知有关。基于此假设，我们结合并对比了存在显著偏差的评分员的提示认知数据。如表 7.4 所示，评分员严厉度与其对提示特征的认知之间的关系表明：1）评分员认为提示越难或对提示越感兴趣，评分越宽松，反之亦然；2）评分员认为提示越熟悉或越清晰或越有用，评分就越严厉，反之亦然。基于该趋向性关系，我们引入评分期望作为中介变量，以合理解释其中的关联，即严厉的评分员倾向于认为提示不难、对提示不够感兴趣，但认为提示较熟悉、清晰且有帮助，因而对考生期望值较高，更易与考生产生偏严厉的偏差交互；而宽松的评分员则倾向于认为提示较难、对提示较感兴趣，因而对考生期望值较低，更易与考生产生偏宽松的偏差交互。具体讨论详见本章 7.3 节。

7.3 基于评分员认知的提示特征对综合写作评分的影响

经多层面 Rasch 模型与基础统计分析表明，评分员严厉度、评分难易度以及评分员与考生的偏差交互模式均与评分员对提示特征的认知有微弱关联。本节将具体探讨评分员对提示特征的认知对其评分表现的可能影响。

7.3.1 基于评分员严厉度的提示影响

在写作测试的评分中，评分员所评分数来自于评分员个人的观察、解读，更重要的是个人的判断（Myford & Wolfe, 2003），即从评分员所评分数可推测其作出判断的依据。本章 7.2.1 节通过数据分析发现了影响评分员严厉度的可能认知因素，而这些认知因素可能是评分员作出个人判断的依据，具体为：1）评分员认为写作任务越难或提示越难，评分越宽松；2）评分员对话题越不感兴趣或认为话题不够有趣味，评分越严厉；3）评分员认为提示越熟悉或越清晰或越有用，评分就越严厉，反之亦然。

首先，评分员对任务难易度和提示难易度的认知与其严厉度之间存在反比关系，即评分员认为写作任务或提示越难，其评分越宽松。这一发现解释了 Hamp-Lyons & Mathias（1994）有关独立写作提示的研究假设，即最简单的提示类别下考生得分最低，而最难的提示类别下考生得分最高。通过引入中介变量即评分期望，可合理解释其中关系，在较难提示下，评分员期望值较低，评分偏向宽松，因而考生容易得分偏高；而在较易提示下，评分员期望值较高，评分偏向严厉，因而考生容易得分偏低。实际上，在评分决策中，评分期望一直都被视为与作文本身质量并驾齐驱的重要因素（Stock & Robinson, 1987）。我们认为评分期望的产生是由于评分员认为提示与其预想的特征不符，根据其个人对提示特征的认知与评估，在实际评分中倾向于采用某种补偿或抵消策略。如果评分员认为提示较难，则容易采用补偿策略，评分偏宽松；如果评分员认为提示较熟悉、清晰且有用，则容易采用抵消策略，评分偏严厉。

其次，评分员认知的提示趣味性与其评分严厉度之间存在反比关系，即评分员对提示越感兴趣，其评分越宽松，反之亦然。有较多语言学习的研究表明，较之对特定话题不感兴趣的儿童与成人，感兴趣的学习者会有更多的关注、更长的学习时间，也更享受参与相关活动（如 Schiefele, 1996; Ainley, 1998; Hidi, Berndorff & Ainley, 2002; Hidi, 2006）。这一发现也适用于评分员，即对话题的感兴趣程度可能会引发不同的评分员严厉度。具体而言，评分员对某一写作话题较感兴趣，该话题则容易引起评分员的情感共鸣，评分员也会对考生作文投以更多的关注，从而评分偏松。

再次，评分员认知的提示熟悉度、指令清晰度与提示有用性与其评分严厉度之间存在正比关系。Furtak & Ruiz-Primo（2008）对提示认知的研究发现写作者对提示熟悉，则有助于引出其多种构思与想法，这一发现也适用于评分员。评分员对提示的熟悉程度表明评分员所能调用的知识及其对提示解读的充分程度。评分员对提示有较高的熟悉度，可提升评分员的评分参与度及其对论点论据质量把控的敏感度，并最终使其更具批判性而导致评分偏严厉。同理，评分员认为指令越清晰且提示越有帮助，他在评分时越容易有较高的评分期望，因而评分偏严厉。

综上，评分员在评分过程中的严厉度表现或与其对提示特征的认知有关，两者通过评分期望这一中介变量而有微弱的正比或反比关系。

简言之，评分员对提示特征的不同认知会影响其评分严厉度。

7.3.2 基于评分难易度的提示影响

如本章 7.2.2 节所述，通过多层面 Rasch 模型探知评分员在实际评分过程中的评分难易度，结合评分员对评分标准与提示特征的认知，以探讨评分难易度与提示认知之间的可能关系。具体发现如下：1）多层面 Rasch 模型分析结果表明，评分员在实际评分操作中对评分标准评判的难易度由难/严到易/松的顺序依次是内容、结构、语言；2）对评分员的认知调查表明，评分员对评分标准重要性评判的排序依次是内容、结构、语言、提示使用；这与多层面 Rasch 模型分析结果相呼应，说明评分员对评分标准重要性的评判在一定程度上影响了其对评分标准的把握，即评分员认为某项评分标准越重要，评分就越严厉，反之亦然；3）对比评分员对提示特征的认知与评分难度，可以推断评分员认为提示越难，对内容标准的评判就越严厉，反之亦然。前两项发现为第三项发现作了铺垫，下文我们将具体探讨。

首先，多层面 Rasch 模型分析结果表明：评分员在实际评分操作中对评分标准评判的难易度由难/严到易/松的顺序依次是内容、结构、语言。虽然总体评分难度呈现上述次序，但各地区的各项评分标准的评分难易度仍有此消彼长的趋势，即如果内容和/或结构被评得偏严，那么语言往往被评得偏松，反之亦然，这与 Schaefer（2008）对评分员与评分标准偏差交互的研究发现一致。在他的研究中，有些评分员对评分标准某一项上的判分较为严厉，而对评分标准另一项上的判分则较为宽松；另一些评分员则相反。因此评分员倾向于在评分标准的解读与使用中采取一种"平衡策略"，既有补偿性的宽松，也有抵消性的严厉，使各个评分标准的宽严把握维持在此消彼长的平衡状态。

其次，对评分员的认知调查表明：评分员对评分标准重要性评判的排序依次是内容、结构、语言、提示使用。这与本书第三章中所介绍的综合写作任务评分标准中各项细则的赋分权重相呼应，即内容占 40%，结构占 30%，语言占 30%，说明内容较之其他两项更为重要。这表明在没有其他因素影响的情况下，评分标准中各分项的赋分权重会影响评分员对各分项重要性的解读，并最终体现在其评分决策上。另外，该重要性次序也与多层面 Rasch 模型分析的各评分标准难易度/宽严度排序相照应，说明评分员对评分标准的认知在一定程度上影响了其对评分标准的把握，即评分员认为某项评分标准越重要，评分就越严厉，反之亦然。这一发现与 Eckes（2012）对评分员认知偏差模式的研究结果相左，Eches 的研究发现评分员认为某项评分标准越重要，越容易出现宽松偏差；而评分员认为某项评分标准越不重要，则越容易出现严厉偏差。因此可以说，评分员认为较重要的评分标准，他倾向于严厉评分；相反地，评分员认为不太重要的评分标准，他倾向于宽松评分。此外，评分员对提示使用的重要性认知持较一致的态度，认为提示使用的重要性不如写作内容、结构与语言。对考生而言，如何合理有效地使用提示材料是考查其综合写作能力的一个重要方面，若直接从提示材料中大幅摘抄则会受到"惩罚"，从表 7.6 中可见湖南地区的评分员对提示使用赋予了最高的重要性，也可说明其"惩罚力度"最大。

最后，基于上文评分难度/严厉度与评分员提示认知的分析，发现评分员对提示难度的认知与其对内容的评判有一定的同步关系，具体为：如果评分员认为任务难度与提示难度较大，则会对内容评分偏严；如果评分员认为任务难度与提示难度较小，则会对内容评分偏松。而在其他各项评分标准的评判上未发现有这样的同步关系。究其原因，可能是因为内容在评分标准中所占比重相对较大。事实上，在写作测评中，评分标准的内容分项一直都是作文质量评判的最重要指标（Grabe & Kaplan, 1996; Bae & Bachman, 2010），并且运用眼动仪对写作过程的实证研究证明了考生对内容投以最多的注意力（Winke & Lim, 2015），而本研究也证实了内容为最重要的评分标准，且评分员对内容评分更为严厉。

综上，经过层层比对，评分员对提示的认知与其评分标准评判的难易度/严厉度之间有一定的潜在关系，即评分员认为提示越难，则会对内容标准的评判越严厉，反之亦然。简言之，评分员对提示难度的不同认知会影响其对内容标准评判的严厉度。

7.3.3 基于评分员与考生偏差交互的提示影响

如本章 7.2.3 节所述，多层面 Rasch 模型分析发现评分员与考生存在显著的偏差交互模式，具体为：1）评分员对高水平考生的评分出现偏差的比例高于其对低水平考生的评分；2）严厉的评分员比宽松的评分员出现偏差的比例更高；3）严厉的评分员对高水平及较高水平考生评分偏严，宽松的评分员对高水平及较高水平考生评分偏松；4）在对较高水平和较低水平考生进行评分时，严厉的评分员比宽松的评分员出现的偏差更多。根据本章 7.2.1 节与 7.3.1 节所探讨的评分员严厉度表现与其对提示特征认知的趋向性关系，可以看出：1）评分员认为写作任务越难或提示越难，评分越宽松；2）评分员对话题越不感兴趣或认为话题不够有趣味，评分越严厉；3）评分员认为提示越熟悉或越清晰或越有用，评分就越严厉，反之亦然。在评分员与考生的偏差交互作用中，评分员可能也受其对提示特征认知的影响，对不同水平考生的评判产生不同模式的偏差。

首先，多层面 Rasch 模型分析从整体上发现了评分员对中等偏高能力的考生出现的偏差最多，这可能是因为该能力段的考生人数较多的原因。评分员对高水平考生评分出现的偏差比例高于其对低水平考生的偏差的发现，也证实了 Schaefer（2008）的相关发现，即评分员对高水平考生的宽严偏差多于其对低水平考生的偏差。本研究中所用的数据为省级复赛的综合写作任务，参赛学生已经过各高校选拔，大部分考生的语言水平相对较高，因此中等偏高能力段的偏差数量较多，这也证明了本实证研究数据的真实性。

第二种偏差模式是严厉的评分员比宽松的评分员出现偏差比例更高，造成该偏差模式的首要原因是本研究的评分员样本中，严厉的评分员居多（共有 17 人），因而可能出现的偏差也多。另一深层次原因或是受评分期望影响。评分员个人在评分期望上的差异会影响其对特定行为或方面的关注程度（Lance et al., 2009），可能会使其有不同的严厉度。有较高评分期望的评分员倾向于严厉评分，更易低估考生水平；而有较低评分期望的评分员则倾向于宽松评分，更易高估考生水平。

　　第三种偏差模式（即严厉的评分员对高水平及较高水平考生评分偏严，宽松的评分员对高水平及较高水平考生评分偏松）或许也与评分期望有关。Schaefer（2008）发现评分员对较高水平考生易产生更严厉的评分偏差，而对较低水平考生则易产生更宽松的评分偏差。本研究进一步区分了严厉与宽松的评分员类型，并分析其偏差模式，发现相比低水平及较低水平考生评分，严厉的评分员对高水平及较高水平考生评分更严厉，而宽松的评分员对高水平及较高水平考生的评分更宽松。从评分期望角度来看，严厉的评分员认为提示较容易，对提示较熟悉，进而对考生期望较高，尤其是对高水平及较高水平考生的期望会更高；而且严厉的评分员大多对提示话题不感兴趣，也往往能"置身事外"，以更客观严厉的视角来判分。我们推断，严厉的评分员在偏易的提示特征认知下，会认为高水平及较高水平考生应有更好的写作表现，因而评分会更严，也就不可避免地会产生更多偏严的偏差交互。相反，宽松的评分员认为提示较难，对提示不太熟悉，对考生期望则会较低，但宽松的评分员对提示较感兴趣，使其评判带有更浓的主观色彩。在偏难的提示认知下，评分员会认为高水平及较高水平考生较难发挥出其应有的写作水平，因而评分过程中会采用补偿策略，人为抬高分数。

　　第四种偏差模式（即在对较高水平和较低水平考生进行评分时，严厉的评分员比宽松的评分员出现的偏差更多）或许也与评分期望有关。由于考生样本的特殊性，评分员偏差主要集中在中等偏高能力段的考生群体，但评分员对能力度量值两端的考生也有较多偏差，这与以往研究对评分员偏差的发现一致（如 Kondo-Brown, 2002; Schaefer, 2008）。更值得注意的是，本研究还按评分员的严厉度作了分组，在对能力度量值两端的考生的偏差分析中，发现严厉型评分员比宽松型评分员出现偏差的概率更大。这可能是因为严厉的评分员认为提示较易，对考生期望较高，尤其是对较高水平和较低水平的考生，认为在较易提示下，较高水平考生应发挥更好，较低水平考生也不应表现过差。而该偏差倾向在宽松型评分员中表现不显著，表明宽松型评分员对考生总体期望不高，评分偏松。

综上，评分员对提示特征的不同认知可能会转化为较高或较低的评分期望，使评分员在实际操作中更易低估或高估考生能力。简言之，评分员对提示特征的认知使得评分员对不同水平考生的评判出现偏差。

7.4 基于"评估使用论证"框架的讨论

如本书第三章3.4节所述，本节将在Bachman & Palmer（2010）的"评估使用论证"框架下探讨基于评分员认知的提示特征对综合写作评分的影响问题，涉及"评估使用论证"框架中第四个主张——测试分数的"一致性"，即检验评分员对提示特征的认知是否会影响其评分决策，是否会影响分数记录的"一致性"。本章的实证研究可被视为一个收集支撑证据或反驳证据以证实或证伪相关理据的过程，而相关理据又进一步证实或证伪"分数记录一致性"的主张，下文我们将具体探讨这些证据。

就评分员对提示特征的认知对于其严厉度的影响而言，二元逻辑回归分析表明评分员对提示特征的不同认知与其严厉度之间有一定的趋向性联系，评分员对提示特征的认知可以较微弱地预测评分员在实际评判中的宽严倾向。但这些倾向性关系并不具有统计学上的显著性意义（显著性指标 p 值均大于0.05），因此可以说评分员对提示特征的认知不构成反驳证据，不能证伪分数记录的"一致性"。

就评分员对提示特征的认知对于其评分标准使用的影响而言，经层层比对，发现评分员对提示特征的不同认知与其评分难度/严厉度之间具有一定的同步关系，即评分员对提示难度的不同认知会影响其对内容标准把握的严厉度。但因评分员样本量有限，该趋向性同步关系未能得到任何数理模型检验，因而也不具有统计学意义。因此我们认为评分员的提示认知对其评分标准把握的影响较为微弱，不构成反驳。

就评分员对提示特征的认知对其评分偏差的影响而言，评分员可能受不同提示认知影响而对不同水平考生有不同的评分期望，进而使其对不同水平考生出现偏差。但这一倾向性关系也受评分员样本数量限制而未能进行统计学检验，因而也不具有统计学意义。因此评分员的提示认知也不构成反驳证据。

综上，评分员认知的提示特征对其评分决策的影响较为微弱，其认知－偏差关系属于趋向性影响，不具有统计学上的显著性，几乎不能显著影响其评分决策，这说明从评分员认知的提示特征角度来看，评分员的评分具有一致性。但需要注意的是，从多层面 Rasch 模型的分析结果来看，评分员误差（包括评分员严厉度、评分难度／严厉度以及评分员与考生交互）对评分效度仍构成较大威胁，除评分员对提示特征的认知以外，或许有其他因素会造成评分误差，对这些未知因素的研究还有待进一步深入。

7.5 小结

本章基于有限的评分员数据，从评分员认知的提示特征出发考查不同的提示认知信念对评分决策的影响。通过多层面 Rasch 模型分析得到评分员严厉度、评分难度／严厉度以及评分员与考生的偏差模式，并结合评分员的提示认知与评分标准认知数据，构拟两两之间的潜在关系，为综合写作测试提供效度证据支持。

本章最主要的发现是评分员对提示特征的认知会不同程度地影响其评分决策，主要体现在以下三个方面：第一，评分员对提示特征的不同认知会影响其评分严厉度，即评分员认为提示越难或对提示越感兴趣，评分会越宽松；评分员认为提示越熟悉或／且越清晰或／且越有用，评分会越严厉，反之亦然。第二，评分员对提示难度的不同认知会影响其对内容标准评判的严厉度，即评分员认为提示越难，对内容标准的评判越严厉，反之亦然。第三，评分员对提示特征的认知转化为不同的评分期望而使评分员对不同水平考生的评判出现偏差，即评分员认为提示越容易，对考生期望越高，则评分越严厉，因而更容易低估考生水平；反之，评分员认为提示越难，对考生期望越低，则评分越宽松，因而更容易高估考生水平。

另一主要发现是综合写作测试的效度证据证明了评分员对提示特征的认知并不影响分数记录的"一致性"。上文有关评分员认知的提示特征对其评分决策的影响属于趋向性影响，并不具有统计学意义上的显著性，符合综合写作测试的评分信度要求。具体而言，该研究问题主要涉及"评估使用论证"框架中评估分数的"一致性"，即综合写作测试的评分不受评分员认知的提示特征影响，具有较高信度。主要的理据是评分员认知的提示特征的影响力较为微弱，几乎不影响其评分决策，这说明从评分员认知的提示特征角度来看，评分员的评分具有"一致性"。

需要注意的是，从多层面 Rasch 模型的分析结果来看，评分仍存在显著误差。在语言运用测试中，有多种因素会与评分员交互，并影响评分决策（Upshur & Turner, 1999; McNamara, 1996; Eckes, 2011; Han, 2015），因此具有不同特质的评分员会与测试情境中的各层面因素产生不同交互（Eckes, 2011），导致其评分不一致，并威胁到测试效度。评分过程是一个复杂的认知过程，各种因素的融合交互会增加评分员的认知负担（Hamp-Lyons & Henning, 1991），而这些未知因素还有待未来研究去探知。

第八章
结语

本章首先回顾整个研究的主要发现，再从理论层面与实践层面探讨本研究的主要贡献，最后指出未来的研究方向。

8.1 研究的主要发现

本研究基于"外研社杯"全国英语写作大赛的议论文综合写作任务，从三个维度（提示固有特征维度、考生认知维度、评分员认知维度）的提示特征入手，探讨了提示固有特征、基于考生及评分员认知的提示特征对考生综合写作表现以及评分员综合写作任务评分的可能影响，并采用 Bachman & Palmer（2010）的"评估使用论证"框架对该综合写作任务进行效度验证。论证的重点是"评估使用论证"框架中考生表现与评估记录/分数的评价过程以及基于评估记录所作出的有关考生语言能力的解释，具体表现为提示特征因素与考生综合写作表现及评分信度的关系，主要涉及该框架中评估记录/分数的"一致性"以及对语言能力的解释"富有意义"。研究发现主要分为三个方面，即提示固有特征对考生综合写作表现的影响、基于考生认知的提示特征对其综合写作表现的影响，以及基于评分员认知的提示特征对其综合写作评分的影响。

1. 提示固有特征维度的提示影响

针对提示固有特征维度的提示影响问题，本研究发现不同提示固有特征会不同程度地影响考生在综合写作任务上的表现，反映出考生写作能力的不同方面。同时考生的写作表现也证实了综合写作测试的构念效度。具体如下：

第一，不同话题域的写作提示使文本显现出与话题相关的不同文本特征影响因素。在各文本特征中，词数是共有的文本特征，这是保证议论文论证充分的基础。其他不同的文本特征表明不同话题域提示下作文文本中的语言表达有所不同：社会话题提示下的文本显现了实词熟悉度、词汇最小编辑距离和连词使用频率等文本特征；教育话题域提示下的文本显现了实词习得年龄、动词衔接、相邻段落语义承袭性、词汇多样性和时间连词使用频率等文本特征；商业话题域提示下的文本显现了实词句间重叠率、实词熟悉度和介词短语密度等文本特征；个人话题域提示下的文本则显现了词汇多样性和词干句间重叠率等文本特征。

第二，不同任务说明导致考生在写作中采用不同的论证模式。不同任务说明的提示特征下，各文本具有两项相似的文本特征，即词数和词汇多样性，两者是影响议论文的观点得到多角度充分论证的主要因素。虽然前者在评分标准中并未明确涉及，但词数是议论文论证充分的基础，而词汇多样性又是多方面、多角度论证的必然结果。就不同的文本特征而言，显性对立观点提示下的实词习得年龄与相邻段落语义承袭性的影响突出；隐性对立观点提示下的文本叙事性、动词衔接与实词句间重叠率的影响突出。以上文本特征的差异主要是由于提示的任务说明差异所致，引导考生在写作时采用不同的论证模式，即显性对立观点的提示引导考生在议论文写作中侧重单一观点论证，层层递进，语篇前后照应；而隐性对立观点的提示则引导考生在议论文写作中侧重事例叙述和夹叙夹议。

在效度验证方面，以上分析结果表明不同提示影响下考生作文所显现的不同文本特征反映了考生的英语写作能力，符合本研究对综合写作测试构念的定义。具体而言，该研究问题聚焦于"评估使用论证"框架中有关语言能力解释应"富有意义"，即议论文综合写作测试所测量的构念是考生的语言能力。主要的理据是在提示固有特征的影响下，考生作文所显现的文本特征均在所测构念的范围之内，提示固有特征的影响并非"构念无关因素"，不构成反驳。

2. 考生认知维度的提示影响

针对考生认知维度的提示影响问题，通过综合运用多层线性模型与结构方程模型分析，发现英语语言能力是影响考生综合写作表现的主要因素。但因考生所认知的提示特征对其综合写作表现的影响较为复杂微弱，而如此微弱的影响对构念效度威胁较小，因而不构成反驳，从而证明了综合写作测试的构念效度。具体如下：

首先，多层线性模型分析显示：1）不同地区采用不同提示的情况下，考生的综合写作得分并无显著差异，表明各提示对不同地区的考生而言具有公平性；2）考生认知的各个提示特征和综合写作得分及各个分项得分（内容、结构、语言）之间不存在显著相关性。上述两项发现表明提示的地区差异可忽略不计，可将提示视为一个统一概念（即概化为统一的提示及其考生认知的提示特征）。采用探索性因子分析提取出3个考生所认知的提示特征的高阶特征因子，即提示知识、提示难度与提示认同。进一步的多层线性模型分析结果表明：1）英语语言能力是影响考生综合写作得分的主要因素；2）考生认知的提示知识对综合写作得分具有显著影响。

其次，结构方程模型分析显示：经反复验证与模型修正，最终确立的模型与数据拟合较好（2(41)=80.594，SRMR=0.470，RMSEA=0.051，CFI=0.973，TLI=0.963）。该模型清晰地模拟了考生对提示特征的认知与其综合写作表现之间的关系，具体表现为：考生认知的提示知识有助于提升其综合写作表现，而考生认知的提示难度阻碍其综合写作水平的发挥；提示知识虽有显著正面影响，但力度偏弱（ß=0.22，p<0.05），而提示难度的负面影响更弱，几乎不显著（ß=-0.15，p>0.05），两者之间存在良性互动关系（ß=0.48），即考生对提示知识的认知会中和其对提示难度认知的负面影响，并最终直接影响其综合写作表现。

在效度验证方面，以上分析结果表明考生认知的提示特征对其综合写作表现的影响相对复杂而微弱，而英语语言能力是决定考生综合写作表现的关键因素，符合综合写作测试的构念效度。具体而言，该研究问题主要观察"评估使用论证"框架中有关语言能力的解释"富有意义"这一主张，即综合写作测试的构念是测量考生的语言能力。主要的理据是综合写作任务让考生展现了其英语语言能力，测试结果可以用来推断考生的语言能力。主要的反驳是考生认知的提示知识属于"构念无关因素"，但因其影响微弱，对构念效度影响较小，不构成反驳。

3、评分员认知维度的提示影响

针对评分员认知维度的提示影响问题，通过运用多层面 Rasch 模型，结合评分误差与评分员对评分标准与提示特征的认知，发现评分员对提示特征的认知会不同程度地影响其评分表现。但因该影响仅仅是趋向性影响，并不具有统计学意义，因此从评分员认知的提示特征角度来看，评分员的评分具有"一致性"。具体如下：

第一，评分员对提示特征的不同认知会影响其评分严厉度。根据多层面 Rasch 模型对评分员严厉度的分析，将评分员分为宽松和严厉两个类别，采用二元逻辑回归分析评分员严厉度与评分员对提示特征认知之间的关系，结果发现两者存在某种正比或反比关系，虽然不具有统计学意义，但对关系预测的倾向性仍然存在，即：1）评分员认为写作任务越难或提示越难，评分就越宽松；2）评分员对话题越不感兴趣或认为话题不够有趣味，评分就越严厉；3）评分员认为提示越熟悉或越清晰或越有用，评分就越严厉，反之亦然。

第二，评分员对提示难度的不同认知会影响其对内容标准评判的严厉度。通过多层面 Rasch 模型探知实际评分过程中的评分难度，并结合评分员对评分标准与提示特征的认知，以探讨评分难易度与提示认知之间的可能关系。分析结果如下：1）多层面 Rasch 模型分析结果表明，评分员在实际评分操作中对评分标准评判的难易度由难 / 严到易 / 松的顺序依次是内容、结构、语言；2）对评分员的认知调查表明，评分员对评分标准重要性评判的排序依次是内容、结构、语言、提示使用。这与多层面 Rasch 模型分析结果相呼应，说明评分员对评分标准的认知会一定程度上影响其评判，即评分员认为某项评分标准权重越大，评分就越严厉，反之亦然；3）对比评分员对提示特征的认知与评分难度可推断两者的潜在联系，即评分员认为提示越难，对内容标准的评判就越严厉，反之亦然。

第三，评分员对提示特征的认知使他们对不同水平考生的评判出现偏差。多层面 Rasch 模型发现评分员在评判不同能力值的考生时呈现出不同的显著偏差模式，具体如下：1）评分员对高水平考生的评分出现偏差的比例高于其对低水平考生的评分；2）严厉的评分员比宽松的评分员出现偏差比例更高；3）严厉的评分员对高水平及较高水平考生评分偏严，宽松的评分员对高水平及较高水平考生评分偏松；4）在对较高水平和较低水平考生进行评分时，严厉的评分员比宽松的评分员出现的偏差更多。以上偏差模式可能与评分员对提示特征的认知有关。根据评分员严厉度与其对提示特征的认知之间的趋向性关系，引入评分期望作为中介变量以合理解释其中的关联，即评分员认为提示越容易，对考生期望越高，则评分越严厉，因而更容易低估考生水平；反之，评分员认为提示越难，对考生期望越低，则评分越宽松，因而更容易高估考生水平。

在效度验证方面，上述分析表明评分员对提示特征的认知对其评分决策的影响较为微弱，其认知—偏差关系属于趋向性影响，并不具有统计学意义，因此符合综合写作测试的评分效度。具体而言，该研究问题主要涉及"评估使用论证"框架中评估分数的"一致性"，即综合写作测试的评分不受评分员对提示特征认知的影响，具有较高信度。主要的理据是评分员认知的提示特征的影响力较为微弱，几乎不影响其评分决策，这说明从评分员认知的提示特征角度来看，评分员的评分并未受到显著影响。

8.2　研究的理论价值与实践意义

本研究从不同维度考查了提示特征对考生综合写作表现和评分员评分决策的影响，涉及提示固有特征维度、提示的考生认知维度和评分员认知维度，填补了国内外综合写作测试领域的研究不足，其研究发现在理论与实践上均具有一定的启示意义。

在理论层面，本研究首次运用"评估使用论证"框架对大规模赛事中综合写作任务进行较为系统的效度验证。语言运用测试的发展趋势正从独立写作任务转向综合写作任务，写作任务的最大变化体现在写作提示上，即篇幅长短与内容丰富程度上的差异，这一变化是否会影响测试效度成了国内外学者的研究重点。由于综合写作任务是国内新近采用的写作任务，目前尚未有研究充分验证其效度问题，究其原因，可能是由于综合写作测试包括听或读（或两者兼有）与写的复杂语言能力，不能视为单一的语言能力，而应视为任务要求与各因素交互的动态语言能力（Delaney, 2008）。本研究基于"评估使用论证"框架，从评分与分数解释环节入手，论证分数记录与基于分数所作的解释是否具有"一致性"以及是否"富有意义"，效度验证包括了对评分效度与构念效度的验证，旨在更好地理解不同维度的提示特征与综合写作评分效度之间、以及与综合写作测试所测构念之间的关系。此外，本研究在对评分与分数解释环节进行效度验证时，收集了各类支撑证据与反驳证据以证实或证伪相关理据，并进而证实或证伪评分效度与构念效度的主张，经多维度的逻辑论证，使理据与推论更加确凿可信，也使抽象的效度验证变得更为具体规范，有利于推动基于论证的效度验证模型在语言测试领域的广泛应用。

在实践层面，本研究发现了综合写作测试中潜在的提示影响，对综合写作测试任务设计、教学、评分及自动评分具有一定的启示：第一，通过将提示影响具体化，明确了不同提示特征对写作表现和评分决策的影响，有利于试题设计人员在编写试题时规避考试偏颇，尽可能弱化提示影响，也为评分标准的制定提供新的参考。第二，通过揭示提示特征与文本特征之间的关系、考生对提示特征的认知与其写作表现之间的关系，有望为教师选材与教学提供新的启示，但并非趋利避害，而是因材施教，旨在有效提高学生的写作水平。第三，通过评分员层面、评分量表层面及其交互作用来评估评分员表现，发现评分员对提示特征的认知与其评分偏差之间的关联，有利于加强评分员培训，避免评分误差。第四，基于提示固有特征与文本特征之间的关系、考生/评分员与提示的认知互动，有望为不同维度提示特征下的评分模型提供新的启示；现有自动评分研究主要以写作文本特征为参数（如 Attali, 2007；Knoch, 2009；Sawaki, Quinlan & Lee, 2013），而鲜有对不同提示固有特征下的文本特征、考生与评分员的认知加以考查，从而忽视了这三者在综合写作任务结果解读中的交互作用。

8.3 未来研究方向

诚然，本研究仍存在一定的局限性，未来研究可从以下五个方面入手，改进并深化综合写作测试的提示影响研究，具体如下：

第一，本研究所用的考生样本与综合写作任务均具有一定的局限性，其中考生总体水平偏高，均为经过各高校选拔参加省赛的选手；综合写作任务局限于议论文文体，其提示固有特征仅涉及话题域和任务说明两个类别，也限于实考数据（即省级复赛）未能涉及各个写作任务的提示难度。未来研究可加大考生样本量，使考生语言水平跨度更大，并增加其他文体类型的综合写作任务，如记叙文写作、说明文写作、摘要写作（如 Yu, 2009b）、读后续写（如王初明、亓鲁霞，2013）等，同时也可考查更多其他的提示固有特征，如提示难度、主观/客观人称表达方式（如 Greenberg, 1980; Hoetker & Brossell, 1989）、文体修辞要求（如 Lim, 2010; Wiseman, 2012）等，使得研究结果更具概推性。

第二，本研究未能将拼写错误纳入文本特征，原因是 Coh-Metrix 软件只能识别拼写正确的单词。为便于软件识别，我们在进行 Coh-Metrix 分析前修正了考生作文中的拼写错误。从考生作文的抽样调查来看，拼写错误与词形错误较多，而词汇准确性会不同程度地影响评分员对作文质量的评判（Engber, 1995; Cumming, Kantor & Powers, 2002; Cumming et al., 2005; Ruegg, Fritz & Holland, 2011; Fritz & Ruegg, 2013）。因此，未来研究在探讨文本特征时可将词汇准确性列为一项评估指标，以更全面地评估考生的写作能力与提示固有特征对文本特征的影响。

第三，本研究未涉及综合写作测试中考生的提示使用，而关于考生如何使用写作提示一直是困扰综合写作测试的问题（Weigle & Parker, 2012）。如上文所述，独立写作测试与综合写作测试之间的最大差异就是提示，未来研究可采用有声思维报告或话语分析方法以深入探讨考生在完成综合写作任务时对提示的理解与使用。

第四，本研究主要采用定量方法对大样本进行分析，未采用定性方法，未来研究可采用多种定性方法对考生的写作过程和评分员的评分过程进行分析，如采用眼动追踪技术、有声思维报告及访谈等研究方法，探知考生与评分员在实际操作中的认知活动，以更细致地呈现综合写作测试中可能的提示影响。

第五，本研究利用多层面 Rasch 模型分析评分误差，虽然评分员对提示特征的认知及其评分期望可在一定程度上解释评分误差，但还需更确凿的证据（如评分员访谈或有声思维报告等）来证明评分员对提示特征的认知的影响。此外，可能还存在导致评分误差的其他因素，有必要对这些未知因素进行探究，以期为改进评分员培训方法和提高评分效度提供实证证据与有效反馈。

参考文献

AERA, APA, & NCME (1999). *Standards for Educational and Psychological Testing*. Washington DC: AERA.

Ainley, M. (1998). Interest in learning and the disposition of curiosity in secondary students: Investigating process and context. In L. Hoffman, A. K. Renninger & J. Baumert (Eds.), *Interest and Learning: Proceedings of the Seeon Conference on Interest and Gender* (pp. 257-266). Kiel, Germany: IPN.

Akaike, H. (1987). Factor analysis and AIC. *Psychometrika* 52 (3), 317-322.

Alexandersson, J., Becker, T., & Pfleger, N. (2006). Overlay: The basic operation for discourse processing. In W. Wahlster (Ed.), *SmartKom: Foundations of Multimodal Dialogue Systems* (pp. 255-267). Berlin: Springer.

Alderson, J. C., Clapham, C., & Wall, D. (1995). *Language Test Construction and Evaluation*. Cambridge: Cambridge University Press.

Aryadoust, V. (2016). Gender and academic major bias in peer assessment of oral presentations. *Language Assessment Quarterly,* 13 (1), 1-24.

Attali, Y. (2007). Construct validity of E-Rater® in scoring TOEFL® essays. *TOEFL Research Report RR-07-21*. Princeton, NJ: Educational Testing Service.

Attali, Y. (2016). A comparison of newly-trained and experienced raters on a standardized writing assessment. *Language Testing,* 33 (1), 99-115.

Baayen, R. H., Piepenbrock, R., & Gulikers, L. (1995). *The CELEX Lexical Database* (Release 2) (CD-ROM). Philadelphia, PA: Linguistic Data Consortium, University of Pennsylvania.

Bachman, L. F. (1990). *Fundamental Considerations in Language Testing*. Oxford: Oxford University Press.

Bachman, L. F. (2000). Modern language testing at the turn of the century: Assuring that what we count counts. *Language Testing,* 17 (1), 1-42.

Bachman, L. F. (2002). Some reflections on task-based language performance assessment. *Language Testing,* 19 (4), 453-476.

Bachman, L. F. (2005). Building and supporting a case for test use. *Language Assessment Quarterly,* 2 (1), 1-34.

Bachman, L. F., & Palmer, A. (1996). *Language Testing in Practice: Designing and Developing Useful Language Tests*. Oxford: Oxford University Press.

Bachman, L. F., & Palmer, A. (2010). *Language Assessment in Practice: Developing Language Assessments and Justifying Their Use in the Real World*. Oxford: Oxford University Press.

Bae, J., & Bachman, L. F. (2010). An investigation of four writing traits and two tasks across two languages. *Language Testing,* 27 (2), 213-234.

Baharloo, A. (2013). Test fairness in traditional and dynamic assessment. *Theory and Practice in Language Studies,* 3, 1930-1938.

Barkaoui, K. (2010). Explaining ESL essay holistic scores: A multilevel modeling approach. *Language Testing,* 27 (4), 515-535.

Barkaoui, K. (2014). Multifaceted Rasch analysis for test evaluation. In A. J. Kunnan (Ed.), *The Companion to Language Assessment: Evaluation, Methodology, and Interdisciplinary Themes (Volume III)* (pp. 1301-1322). West Sussex: John Wiley & Sons, Inc.

Bartko, J. J. (1976). On various intraclass correlation reliability coefficients. *Psychological Bulletin,* 83 (5), 762-765.

Bejar, I. I., Michael, F., Futagi, Y., & Ramineni, C. (2014). On the vulnerability of automated scoring to construct-irrelevant response strategies (CIRS), an illustration. *Assessing Writing,* 22, 48-59.

Bentler, P. M. (1990). Comparative fit indexes in structural models. *Psychological Bulletin,* 107 (2), 238-246.

Bentler, P. M. (1995). *EQS Structural Equations Program Manual.* Encino, CA: Multivariate Software.

Benton, S. L., Corkill, A. J., Sharp, J. M., Downey, R. G., & Khramtsova, I. (1995). Knowledge, interest, and narrative writing. *Journal of Educational Psychology,* 87 (1), 66-79.

Bereiter, C., & Scardamalia, M. (1987). *The Psychology of Written Composition.* Hillsdale, NJ: Erlbaum.

Biber, D., & Reppen, R. (Eds.) (2015). *The Cambridge Handbook of English Corpus Linguistics.* Cambridge: Cambridge University Press.

Bliese, P. D. (2013). *Multilevel Modeling in R (2.5): A Brief Introduction to R, the Multilevel Package and the NLME Package.* Washington, DC: Walter Reed Army Institute of Research.

Bollen, K. A., & Long, J. S. (1993). *Testing Structural Equation Models.* Newbury Park, CA: Sage Publications.

Bond, T. G., & Fox, C. M. (2007). *Applying the Rasch Model: Fundamental Measurement in the Human Sciences* (2nd edition). Mahwah, NJ: Lawrence Erlbaum.

Bouwer, R., Beguin, A., Sanders, T., & van den Bergh, H. (2015). Effect of genre on the generalizability of writing scores. *Language Testing,* 32 (1), 83-100.

Bridgeman, B., & Ramineni C. (2017). Design and evaluation of automated writing evaluation models: Relationships with writing in naturalistic settings. *Assessing Writing*, 34, 62-71.

Brill, E. (1995). Transformation-based error-driven learning and natural language processing: A case study in part-of-speech tagging. *Computational Linguistics,* 21 (4), 543-565.

Brossell, G. C., & Ash, B. H. (1984). An experiment with the wording of essay topics. *College Composition and Communication,* 35 (4), 423-425.

Brown, J. D. (1991). Do English and ESL faculties rate writing samples differently? *TESOL Quarterly,* 25 (4), 587-603.

Brown, J. D., Hilgers, T., & Marsella, J. (1991). Essay prompts and topics: Minimizing the effects of mean differences. *Written Communication,* 8 (4), 533-556.

Brown, T. A. (2006). *Confirmatory Factory Analysis for Applied Research.* New York: Guilford.

Bryk, A. S., & Raudenbush, S. W. (1992). *Hierarchical Linear Models.* Newbury Park, CA: Sage.

Byrne, B. M. (2010). *Structural Equation Modeling with AMOS.* New York: Routledge Taylor & Francis Group.

Cain, K., & Nash, H. M. (2011). The influence of connectives on young readers' processing and comprehension of text. *Journal of Educational Psychology,* 103 (2), 429-441.

Candlin, C. (1987). Towards task-based language learning. In C. Candlin & D. Murphy (Eds.). *Language Learning Tasks* (pp. 5-22). Englewood Cliffs, NJ: Prentice Hall.

Chapelle, C. A. (1994). Are c-tests valid measures for L2 vocabulary research? *Second Language Research,* 10 (2), 157-187.

Chapelle, C. A., Jamieson, J., & Hegelheimer, V. (2003). Validation of a web-based ESL test. *Language Testing,* 20 (4), 409-439.

Chapelle, C. A., Enright, M. K., & Jamieson, J. M. (2008). Test score interpretation and use. In C. A. Chapelle, M. K. Enright & J. M. Jamieson (Eds.), *Building a Validity Argument for the Test of English as a Foreign Language* ™ (pp. 1-25). New York: Routledge.

Chapelle, C. A., M. K. Enright, & Jamieson, J. M. (2010). Does an argument-based approach to validity make a difference? *Educational Measurement: Issues and Practice,* 29 (1), 3-13.

Chapelle, C. A., & Voss, E. (2014). Evaluation of language tests through validation research. In A. J. Kunnan (Ed.), *The Companion to Language Assessment: Evaluation, Methodology, and Interdisciplinary Themes (Volume III)* (pp. 1081-1097). West Sussex: John Wiley & Sons, Inc.

Charniak, E. (1997). Statistical techniques for natural language parsing. *AI Magazine,* 18 (4), 33-44.

Chiste, K. B., & O'Shea, J. (1988). Patterns of question selection and writing performance of ESL students. *TESOL Quarterly,* 22 (4), 681-684.

Cho, Y., Rijmen, F., & Novák, J. (2013). Investigating the effects of prompt characteristics on the comparability of TOEFL iBT™ integrated writing tasks. *Language Testing,* 30 (4), 513-534.

Chodorow, M., & Brustein, J. (2004). Beyond essay length: Evaluating E-rater's performance on TOEFL essays. *TOEFL Research Report No. 73.* Princeton, NJ: Educational Testing Service.

Clark, A., Fox, C., & Lappin, S. (2013). *The Handbook of Computational Linguistics and Natural Language Processing.* West Sussex: Blackwell Publishing.

Cohen, A. D., & Upton, T. A. (2007). "I want to go back to the text": Response strategies on the reading subtest of the new TOEFL. *Language Testing,* 24 (2), 209-250.

Coltheart, M. (1981). The MRC psycholinguistic database. *Quarterly Journal of Experimental Psychology,* 33 (4), 497-505.

Croft, B., & Lafferty, J. (2003). *Language Modeling for Information Retrieval.* Kluwer, Dordecht: Kluwer Academic Publishers.

Cronbach, L. J. (1988). Five perspectives on validity argument. In H. Wainer & H. I. Braun (Eds.), *Test Validity* (pp. 3-17). Hillsdale, NJ: Lawrence Erlbaum Association.

Cronbach, L. J. (1990). *Essentials of Psychological Testing* (5th edition). New York: Harper and Row.

Crossley, S. A., Salsbury, T., McNamara, D. S., & Jarvis, S. (2011). Predicting lexical proficiency in language learner texts using computational indices. *Language Testing,* 28 (4), 561-580.

Crossley, S. A., & McNamara, D. S. (2012). Predicting second language writing proficiency: The roles of cohesion and linguistic sophistication. *Journal of Research in Reading,* 35 (2), 115-135.

Crossley, S. A., Salsbury, T., & McNamara, D. S. (2012). Predicting the proficiency level of language learners using lexical indices. *Language Testing,* 29 (2), 243-263.

Crossley, S. A., Roscoe, R. D., & McNamara, D. S. (2011). Predicting human scores of essay quality using computational indices of linguistic and textual features. In G. Biswas, S. Bull, J. Kay & A. Mitrovic (Eds.), *Artificial Intelligence in Education: 15th International Conference, AIED 2011, Auckland, New Zealand, June/July 2011* (pp. 438-440). Springer Berlin Heidelberg.

Crossley, S. A., Roscoe, R. D., & McNamara, D. S. (2014). What is successful writing? An investigation into the multiple ways writers can write successful essays. *Written Communication,* 31 (2), 184-214.

Crossley, S. A., Kyle, K., & McNamara, D. S. (2016). The development and use of cohesive devices in L2 writing and their relations to judgments of essay quality. *Journal of Second Language Writing,* 32 (1), 1-16.

Cumming, A. (1990). Expertise in evaluating second language compositions. *Language Testing,* 7 (1), 31-51.

Cumming, A. (2013). Assessing integrated writing tasks for academic purposes: Promises and perils. *Language Assessment Quarterly,* 10 (1), 1-8.

Cumming, A., Kantor, R., & Powers, D. E. (2002). Decision making while rating ESL/EFL writing tasks: A descriptive framework. *The Modern Language Journal,* 86 (1), 67-96.

Cumming, A., Kantor, R., Baba, K., Eouanzoui, K., Erdosy, U., & James, M. (2005). Differences in written discourse in independent and integrated prototype tasks for next generation TOEFL. *Assessing Writing,* 10 (1), 5-43.

Davies, A. (1997). Demands of being professional in language testing. *Language Testing,* 14 (3), 328-339.

Davies, A. (2011). Kane, validity and soundness. *Language Testing,* 29 (1), 37-42.

Davies, A., & Elder, C. (2005). Validity and validation in language testing. In E. Hinkel (Ed.), *Handbook of Research in Second Language Teaching and Learning* (pp. 795-813). Mahwah, NJ: Lawrence Erlbaum.

Delaney, Y. A. (2008). Investigating the reading-to-write construct. *Journal of English for Academic Purposes,* 7 (3), 140-150.

Dennis, S. (2007). Introducing word order within the LSA framework. In T. K. Landauer, D. S. McNamara, S. Dennis & W. Kintsch (Eds.), *Handbook of Latent Semantic Analysis* (pp. 449-464). Mahwah, NJ: Lawrence Erlbaum Associations.

Eckes, T. (2008). Rater types in writing performance assessments: A classification approach to rater variability. *Language Testing,* 25 (2), 155-185.

Eckes, T. (2011). *Introduction to Many-facet Rasch Measurement: Analyzing and Evaluating Rater-mediated Assessments.* Frankfurt am Main: Peter Lang.

Eckes, T. (2012). Operational rater types in writing assessment: Linking rater cognition to rater behavior. *Language Assessment Quarterly,* 9 (3), 270-292.

Elder, C., Barkhuizen, G., Knoch, U., & von Randow, J. (2007). Evaluating rater responses to an online training program for L2 writing assessment. *Language Testing,* 24 (1), 37-64.

Engber, C. A. (1995). The relationship of lexical proficiency to the quality of ESL compositions. *Journal of Second Language Writing,* 4 (2),139-155.

Engelhard, G., & Stone, G. E. (1998). Evaluating the quality of ratings obtained from standard-setting judges. *Educational and Psychological Measurement,* 58 (2), 179-196.

Enright, M. K., & Quinlan, T. (2010). Complementing human judgment of essays written by E-rater® scoring. *Language Testing,* 27 (3), 317-334.

Esmaeili, H. (2002). Integrated reading and writing tasks and ESL students' reading and writing performance in an English language test. *The Canadian Modern Language Review,* 58 (4), 599-622.

Ferris, D. R. (1994). Lexical and syntactic features of ESL writing by students at different levels of L2 proficiency. *TESOL Quarterly,* 28 (2), 414-420.

Foster, P., & Skehan, P. (1996). The influence of planning and task type on second language performance. *Studies in Second Language Acquisition,* 18 (3), 299-324.

Fritz, E., & Ruegg, R. (2013). Rater sensitivity to lexical accuracy, sophistication and range when assessing writing. *Assessing Writing,* 18 (2), 173-181.

Fulcher, G., & Davidson, F. (2007). *Language Testing and Assessment: An Advanced Resource Book.* London and New York: Routledge.

Furtak, E. M., & Ruiz-Primo, M. A. (2008). Making students' thinking explicit in writing and discussion: An analysis of formative assessment prompts. *Science Education,* 95 (5), 79-824.

Gebril, A. (2010). Bringing reading-to-write and writing-only assessment tasks together: A generalizability analysis. *Assessing Writing,* 15 (2), 100-117.

Gerbil, A., & Plakans, L. (2009). Investigating source use, discourse features, and process in integrated writing tests. *Spaan Fellow Working Papers in Second or Foreign Language Assessment,* 7, 47-84.

Gebril, A., & Plakans, L. (2014). Assembling validity evidence for assessing academic writing: Rater reactions to integrated tasks. *Assessing Writing,* 21 (3), 56-73.

Goodwin, S. (2016). A many-facet Rasch analysis comparing essay rater behavior on an academic English reading/writing test used for two purposes. *Assessing Writing*, 30, 21-31.

Grabe, W., & Kaplan, R. B. (1996). *Theory and Practice of Writing.* Oxford: Oxford University Press.

Graesser, A. C., Gernsbacher, M. A., & Goldman, S. R. (Eds.) (2003). *Handbook of Discourse Processes.* Mahwah, NJ: Lawrence Erlbaum Associates.

Graesser, A. C., McNamara, D. S., & Kulikowich, J. M. (2011). Coh-Metrix: Providing multilevel analyses of text characteristics. *Educational Researcher,* 40 (5), 223-234.

Graesser, A. C., McNamara, D. S., Louwerse, M. M., & Cai, Z. (2004). Coh-Metrix: Analysis of text on cohesion and language. *Behavior Research Methods, Instruments, and Computers,* 36 (2), 193-202.

Grant, L., & Ginther, A. (2000). Using computer-tagged linguistic features to describe L2 writing differences. *Journal of Second Language Writing,* 9 (2), 123-145.

Greenberg, K. (1980). The effects of variations in essay questions on the writing performance of CUNY freshman. *Research Monograph Series No. 1.* New York: The City University of New York Instructional Resource Center.

Guo, L., Crossley, S. A., & McNamara, D. S. (2013). Predicting human judgments of essay quality in both integrated and independent second language writing samples: A comparison study. *Assessing Writing,* 18 (3), 218-238.

Haladyna, T. M., & Downing, S. M. (2004). Construct-irrelevant variance in high-stakes testing. *Educational Measurement: Issues and Practice,* 23 (1), 17-27.

Halliday, M. A. K., & Hasan, R. (1976). *Cohesion in English.* London: Longman.

Hamp-Lyons, L. (1986). *Testing Second Language Writing in Academic Settings.* Unpublished Doctoral Dissertation, University of Edinburgh.

Hamp-Lyons, L., & Henning, G. (1991). Communicative writing profiles: An investigation of the transferability of a multiple-trait scoring instrument across ESL writing assessment contexts. *Language Learning,* 41 (3), 337-373.

Hamp-Lyons, L., & Mathias, S. P. (1994). Examining expert judgments of task difficulty on essay tests. *Journal of Second Language Writing,* 3 (1), 49-68.

Hamp-Lyons, L. (1991). Scoring procedures for ESL contexts. In L. Hamp-Lyons (Ed.), *Assessing Second Language Writing in Academic Contexts* (pp. 241-276). Norwood, NJ: Ablex Publishing Corp.

Han, C. (2015). Investigating rater severity/leniency in interpreter performance testing: A multifaceted Rasch measurement. *Interpreting,* 17 (2), 255-283.

Harrell, F. E, Jr. (2001). *Regression Modeling Strategies: With Applications to Linear Models, Logistic Regression, and Survival Analysis.* New York: Springer.

Harsch, C., & Hartig, J. (2016). Comparing c-tests and Yes/No vocabulary size tests as predictors of receptive language skills. *Language Testing,* 33 (4), 555-575.

Hayes, A. F. (2006). A primer on multilevel modeling. *Human Communication Research,* 32 (4), 385-410.

Hayward, M. (1990). Evaluations of essay prompts by nonnative speakers of English. *TESOL Quarterly,* 24 (4), 753-758.

He, L., & Shi, L. (2008). ESL students' perceptions and experiences of standardized English writing tests. *Assessing Writing,* 13 (2), 130-149.

He, L., & Shi, L. (2012). Topical knowledge and ESL writing. *Language Testing,* 29 (3), 443-464.

Heck, R. H., & Thomas, S. L. (2015). *An Introduction to Multilevel Modeling Techniques: MLM and SEM Approaches Using Mplus* (3rd edition). New York: Routledge.

Henning, G. (1987). *A Guide to Language Testing: Development, Evaluation and Research.* Rowley, Massachusetts: Newbury House.

Hidi, S. (2006). Interest: A unique motivational variable. *Educational Research Review,* 1(2), 69-82.

Hidi, S., & Anderson, V. (1992). Interest and its differentiated effects on reading and writing. In K. A. Renninger, S. Hidi & A. Krapp (Eds.), *The Role of Interest in Learning and Development* (pp. 215-238). Hillsdale, NJ: Erlbaum.

Hidi, S., Berndorff, D., & Ainley, M. (2002). Children's argument writing, interest and self-efficacy: An intervention study. *Learning and Instruction,* 12 (4), 429-446.

Hinkel, E. (2002). *Second Language Writers' Test: Linguistic and Rhetorical Features.* London: Lawrence Erlbaum Associates.

Hirvela, A. (2004). *Connecting Reading and Writing in Second Language Writing Instruction.* Ann Arbor, MI: University of Michigan Press.

Hoetker, J., & Brossell, G. (1989). The effects of systematic variations in essay topics on the writing performance of college freshmen. *College Composition and Communication,* 40 (4), 414-421.

Hox, J. (1998). Multilevel modeling: When and why. In I. Balderjahn, R. Mathar & M. Schader (Eds.), *Classification, Data Analysis, and Data Highways* (pp. 147-154). New York: Springer Verlag.

Hoyle, R. H. (1995). *Structural Equation Modeling: Concepts, Issues, and Applications.* Thousand Oaks, CA: Sage Publications.

Hu, L., & Bentler, P. M. (1999). Cutoff criteria for fit indexes in covariance structure analysis: Conventional criteria versus new alternatives. *Structural Equation Modeling,* 6 (1), 1-55.

Hughes, A. (1989). *Testing for Language Teachers.* Cambridge: Cambridge University Press

Huot, B. A. (1990). The literature of direct writing assessment: Major concerns and prevailing trends. *Review of Educational Research,* 60 (2), 237-263.

Huot, B. A. (1993). The influence of holistic scoring procedures on reading and rating student essays. In M. A. Williamson & B. A. Huot (Eds.), *Validating Holistic Scoring for Writing Assessment* (pp. 307-336). Cresskill, NJ: Hampton Press.

Ishikawa, T. (2006). The effect of manipulating task complexity along the [± here-and-now] dimension on L2 written narrative discourse. In M. D. P. G. Mayo (Ed.), *Investigating Tasks in Formal Language Learning* (pp. 136-156). Bristol, UK: Multilingual Matters Ltd.

Jarvis, S. (2002). Short texts, best-fitting curves and new measures of lexical diversity. *Language Testing,* 19 (1), 57-84.

Jennings, M., Fox, J., Graves, B., & Shohamy, E. (1999). The test-takers' choice: An investigation of the effect of topic on language-test performance. *Language Testing,* 16 (4), 426-456.

Johnson, J. S., & Lim, G. S. (2009). The influence of rater language background on writing performance assessment. *Language Testing,* 26 (4), 485-505.

Johnson, R. L., Penny, J., Gordon, B., Shumate, S. R., & Fisher, S. P. (2005). Resolving score differences in the rating of writing samples: Does discussion improve the accuracy of scores? *Language Assessment Quarterly,* 2 (2), 117-146.

Jöreskog, K., & Sörborn, D. (1981). *LISREL V: User's Guide*. Chicago: National Educational Resources.

Jurafsky, D., & Martin, J. H. (2000). *Speech and Language Processing: An Introduction to Natural Language Processing, Computational Linguistics, and Speech Processing*. Upper Saddle River, NJ: Prentice-Hall.

Kane, M. T. (1992). An argument-based approach to validation. *Psychological Bulletin,* 112 (3), 527-535.

Kane, M. T. (2001). Current concerns in validity theory. *Journal of Educational Measurement,* 38 (4), 319-342.

Kane, M. T. (2002). Validating high-stakes testing programs. *Educational Measurement: Issues and Practice,* 18 (2), 5-17.

Kane, M. T. (2004). Certification testing as an illustration of argument-based validation. *Measurement: Interdisciplinary Research and Perspectives,* 2 (3), 135-170.

Kane, M. T. (2006). Validation. In R. Brennan (Ed.), *Educational Measurement* (4th edition) (pp. 17-64). Westport, CT: American Council on Education and Praeger.

Kane, M. T. (2012). Validating score interpretations and uses: Messick Lecture, Language Testing Research Colloquium, Cambridge, April 2010. *Language Testing,* 29 (1), 3-17.

Kane, M. T. (2013a). The argument-based approach to validation. *School Psychology Review,* 42 (4), 448-457.

Kane, M. T. (2013b). Validating the interpretations and uses of test scores. *Journal of Educational Measurement,* 50 (1), 1-73.

Kane, M. T., Crooks, T., & Cohen, A. (1999). Validating measures of performance. *Educational Measurement: Issues and Practice,* 18 (2), 5-17.

Kenny, D. A. (1979). *Correlation and Causality*. New York: Wiley.

Khalifa, H., & Weir, C. J. (2009). *Examining Reading: Research and Practice in Assessing Second Language Reading (Studies in Language Testing 29)*. Cambridge: Cambridge University Press.

Kintsch, W., & van Dijk, T. A. (1978). Toward a model of text comprehension and production. *Psychological Review,* 85 (5), 363-394.

Kline, R. B. (2005). *Principles and Practice of Structural Equation Modeling* (2nd edition). New York: Guiford.

Knoch, U. (2009). Diagnostic assessment of writing: A comparison of two rating scales. *Language Testing,* 26 (2), 275-304.

Knoch, U. (2011). Investigating the effectiveness of individualized feedback to rating behavior – A longitudinal study. *Language Testing,* 28 (2), 179-200.

Knoch, U., & Sitajalabhorn, W. (2013). A closer look at integrated writing tasks: Towards a more focused definition for assessment purposes. *Assessing Writing,* 18 (4), 300-308.

Kobayashi, T. (1992). Native and nonnative reactions to ESL compositions. *TESOL Quarterly,* 26 (1), 81-112.

Kobrin, J. L., Deng, H., & Shaw, E. J. (2011). The association between SAT prompt characteristics, response features, and essay scores. *Assessing Writing,* 16 (3), 154-169.

Kolenikov, S., & Bollen, K. A. (2012). Testing negative error variances: Is a Heywood case a symptom of misspecification? *Sociological Methods & Research,* 41 (1), 124-167.

Kondo-Brown, K. (2002). A FACETS analysis of rater bias in measuring Japanese L2 writing performance. *Language Testing,* 19 (1), 3-31.

Kormos, J. (2011). Task complexity and linguistic and discourse features of narrative writing performance. *Journal of Second Language Writing,* 20 (2), 148-161.

Kuiken, F., & Vedder, I. (2007). Task complexity and measures of linguistic performance in L2 writing. *International Review of Applied Linguistics in Language Teaching,* 45 (3), 261-284.

Kuiken, F., & Vedder, I. (2008). Cognitive task complexity and written output in Italian and French as a foreign language. *Journal of Second Language Writing*, 17 (1), 48-60.

Kuiken, F., & Vedder, I. (2014). Rating written performance: What do raters do and why? *Language Testing,* 31 (3), 329-348.

Kunnan, A. J. (1997). Connecting validation and fairness in language testing. In A. Huhta et al. (Eds.), *Current Developments and Alternatives in Language Assessment* (pp. 85-105). Finland: University of Jyväskylä.

Kunnan, A. J. (1998). An introduction to structural equation modeling for language assessment research. *Language Testing,* 15 (3), 295-332.

Kunnan, A. J. (2000). Fairness and justice for all. In A. J. Kunnan (Ed.), *Fairness and Validation in Language Assessment* (pp. 1-14). Cambridge: Cambridge University Press.

Kunnan, A. J. (2004). Test fairness. In M. Milanovic & C. J. Weir (Eds.), *European Language Testing in a Global Context: Proceedings of the ALTE Barcelona Conference (July 2001)* (pp. 27-48). Cambridge: Cambridge University Press.

Kunnan, A. J. (2010). Test fairness and Toulmin's argument structure. *Language Testing,* 27 (2), 183-189.

Lado, R. (1961). *Language Testing: The Construction and Use of Foreign Language Tests. A Teacher's Book*. Bristol, Inglaterra: Longmans, Green and Company.

Lance, C. E., Baranik, L. E., Lau, A. R., & Scharlau, E. A. (2009). If it ain't trait it must be method: (Mis) Application of the multitrait-multimethod methodology in organizational research. In C. E. Lance & R. J. Vandenberg (Eds.), *Statistical and Methodological Myths and Urban Legends: Received Doctrine, Verity, and Fable in Organizational and Social Research* (pp. 339-362). New York: Routledge.

Landauer, T. K., & Dumais, S. T. (1997). A solution to Plato's problem: The latent semantic analysis theory of the acquisition, induction, and representation of knowledge. *Psychological Review,* 104 (2), 211-240.

Langer, J. A. (1984). Examining background knowledge and text comprehension. *Reading Research Quarterly,* 19 (4), 468-481.

Lee, H. (2004). *Constructing a Field-specific Writing Test for an ESL Placement Procedure.* Unpublished Doctoral Dissertation, University of Illinois at Urbana-Champaign.

Lee, H. (2008). The relationship between writers' perceptions and their performance on a field-specific writing test. *Assessing Writing,* 13 (1), 93-110.

Lee, H., & Anderson, C. (2007). Validity and topic generality of a writing performance test. *Language Testing,* 24 (3), 307-330.

Leki, I., Cumming, A., & Silva, T. (2008). *A Synthesis of Research on Second Language Writing in English.* New York: Routledge.

Levenshtein, V. I. (1965). Binary codes capable of correcting deletions, insertions, and reversals. *Doklady Akademii Nauk SSSR,* 163 (4), 845-848.

Lewkowicz, J. (1994). Writing from sources: Does source material help or hinder students' performance? In N. Bird et al. (Eds.), *Language and Learning: Papers Presented at the Annual International Language in Education Conference* (pp. 201-217). ERIC Document (ED 386 050).

Li, H., & He, L. (2015). A comparison of EFL raters' essay-rating processes across two types of rating scales. *Language Assessment Quarterly,* 12 (2), 178-212.

Li, J. (2014). Examining genre effects on test takers' summary writing performance. *Assessing Writing,* 22, 75-90.

Lim, G. S. (2010). Investigating prompt effects in writing performance assessment. In J. S. Johnson, E. Lagergren & I. Plough (Eds.), *Spaan Fellow Working Papers in Second or Foreign Language Assessment (Volume 8)* (pp. 95-116). Michigan: University of Michigan, English Language Institute.

Lim, G. S. (2011). The development and maintenance of rating quality in performance writing assessment: A longitudinal study of new and experienced raters. *Language Testing,* 28 (4), 543-560.

Linacre, J. M. (1989). *Many-facet Rasch Measurement.* Chicago, IL: MESA Press.

Linacre, J. M. (1994). Constructing measurement with a Many-facet Rasch Model. In M. Wilson (Ed.), *Objective Measurement: Theory into Practice (Volume 2)* (pp. 129-144). Norwood, NJ: Ablex.

Linacre, J. M. (2002). What do infit and outfit, mean-square and standardized mean? *Rasch Measurement Transactions,* 16 (2), 878.

Linacre, J. M. (2007). *Facets Rasch Measurement Computer Program.* Chicago, IL: Winsteps.com

Linacre, J. M. (2011). *A User's Guide to FACETS: Rasch-Model Computer Programs.* Chicago, IL: Winsteps.com.

Longford, N. T. (1993). *Random Coefficient Models.* Oxford: Clarendon Press.

Louwerse, M. M. (2001). An analytic and cognitive parameterization of coherence relations. *Cognitive Linguistics,* 12 (3), 291-315.

Luke, D. A. (2004). *Multilevel Modeling.* Thousand Oaks, CA: Sage.

Lumley, T., & McNamara, T. F. (1995). Rater characteristics and rater bias: Implications for training. *Language Testing,* 12 (1), 54-71.

Lynch, B. K. (1997). In search of the ethical test. *Language Testing,* 14 (3), 315-327.

MacCallum, R. C. (1995). *Model Specification: Procedures, Strategies, and Related Issues*. Thousand Oaks, CA: Sage Publications.

Manning, C. D., Raghavan, P., & Schütze, H. (2008). *Introduction to Information Retrieval*. New York: Cambridge University Press.

Marcus, M. P., Marcinkiewicz, M. A., & Santorini, B. (1993). Building a large annotated corpus of English: The Penn treebank. *Computational Linguistics,* 19 (2), 313-330.

Masaum, M. S., Bart, R., Soderland, S., & Etzioni, O. (2012). Open language learning for information extraction. In *Empirical Methods in Natural Language Processing and Computational Natural Language Learning* (EMNLP/CoNLL) (pp. 523-524).

McCarthy, P. M. (2005). *An Assessment of the Range and Usefulness of Lexical Diversity Measures and the Potential of the Measure of Textual, Lexical Diversity (MTLD)*. Ph.D Dissertation. Memphis: The University of Memphis.

McCarthy, P. M., Rus, V., Crossley, S. A., Bigham, S. C., Graesser, A. C., & McNamara, D. S. (2007). Assessing entailer with a corpus of natural language from an intelligent tutoring system. *Proceedings of the 20th International Florida Artificial Intelligence Research Society Conference* (pp. 247-252). Menlo Park, CA: AAAI Press.

McCarthy, P. M., Rus, V., Crossley, S. A., Graesser A. C., & McNamara, D. S. (2008). Assessing forward-, reverse-, and average-entailer indices on natural language input from the intelligent tutoring system, iSTART. *Proceedings of the 21st International Florida Artificial Intelligence Research Society Conference* (pp.165-170). Menlo Park, CA: AAAI Press.

McCarthy, P. M., & McNamara, D. S. (2012). The user-language paraphrase corpus. In C. Boonthum-Denecke, P. M. McCarthy & T. A. Lamkin (Eds.), *Cross-disciplinary Advances in Applied Natural Language*

Processing: Issues and Approaches. (pp. 73-89). Hershey, PA: Information Science Reference.

McCoach, D. B. (2003). SEM isn't just the schoolwide enrichment model anymore: Structural equation modeling in gifted education. *Journal for the Education of the Gifted,* 27 (1), 36-61.

McCoach, D. B., Gubbins, E. J., Foreman, J., Rubenstein, L., & Rambo-Hernandez, K. E. (2014). Evaluating the efficacy of using predifferentiated and enriched mathematics curricula for grade 3 students: A multisite cluster-randomized trial. *Gifted Child Quarterly,* 58 (4), 272-286.

McCutchen, D., Stull, S., Herrera, B. L., Lotas, S., & Evans, S. (2014). Putting words to work: Effects of morphological instruction on children's writing. *Journal of Learning Disabilities,* 47 (1), 86-97.

McEnery, T., & Wilson, W. (2001). *Corpus Linguistics: An Introduction* (2nd edition). Edinburgh: Edinburgh University Press.

McNamara, D. S. (2013). The epistemic stance between the author and the reader: A driving force in the cohesion of text and writing. *Discourse Studies,* 15 (5), 579-595.

McNamara, D. S., Crossley, S. A., & McCarthy, P. M. (2010). Linguistic features of writing quality. *Written Communication,* 27 (1), 57-86.

McNamara, D. S., & Graesser, A. C. (2012). Coh-Metrix: An automated tool for theoretical and applied natural language processing. In P. M. McCarthy & C. Boonthum (Eds.), *Applied Natural Language Processing and Content Analysis: Identification, Investigation, and Resolution* (pp. 188-205). Hershey, PA: IGI Global.

McNamara, D. S., Crossley, S. A., Roscoe, R. D., Allen, L. K., & Dai, J. (2015). A hierarchical classification approach to automated essay scoring. *Assessing Writing,* 23, 35-59.

McNamara, T. F. (1996). *Measuring Second Language Performance*. London: Longman.

McNamara, T. F. (2000). *Language Testing*. Oxford: Oxford University Press.

McNamara, T. F. (2003). Book review: Fundamental considerations in language testing. Oxford: Oxford University Press, Language testing in practice: Designing and developing useful language tests. *Language Testing,* 20 (4), 466-473.

McNamara, T. F. (2006). Validity in language testing: The challenge of Sam Messick's legacy. *Language Assessment Quarterly,* 3 (1), 31-51.

McNamara, T. F. (2007). Language assessment in foreign language education: The struggle over constructs. *The Modern Language Journal,* 97 (2), 280-282.

McNamara, T. F., & Roever, C. (2006). *Language Testing: The Social Dimension*. Massachusetts: Blackwell Publishing.

Messick, S. (1989). Validity. In R.L. Linn (Ed.), *Educational Measurement* (3rd ed., pp. 13-103). New York: MacMillan.

Messick, S. (1996). Validity and washback in language testing. *Language Testing,* 13 (3), 241-256.

Mislevy, R. J., Steinberg, L. S., & Almond, R. G. (2003). On the structure of educational assessment. *Measurement: Interdisciplinary Research and Perspectives,* 1 (1), 3-62.

Mislevy, R. J., & Haertel, G. D. (2006). Implications of evidence-centered design for educational testing. *Educational Measurement: Issues and Practice,* 25 (4), 6-20.

Mislevy, R. J., & Riconscente, M. M. (2006). Evidence-centered assessment design: Layers, concepts, and terminology. In S. Downing & T. Haladyna (Eds.), *Handbook of Test Development* (pp. 61-90). Mahwah, NJ: Erlbaum.

Mislevy, R. J., Steinberg, L. S., Almond, R. G., & Lukas, J. F. (2006). Concepts, terminology, and basic models of evidence-based design. In D. M. Williamson, R. J. Mislevy & I. I. Bejar (Eds.), *Automated Scoring for Complex Constructed Response Tasks in Computer-based Testing* (pp. 15-48). Mahwah, NJ: Lawrence Erlbaum.

Mitkov, R. (2005). *The Oxford Handbook of Computational Linguistics*. Oxford: Oxford University Press.

Myford, C. M., & Wolfe, E. W. (2003). Detecting and measuring rater effects using many-facet Rasch measurement: Part I. *Journal of Applied Measurement,* 4 (4), 386-422.

Myford, C. M., & Wolfe, E. W. (2004). Detecting and measuring rater effects using many-facet Rasch measurement: Part II. *Journal of Applied Measurement,* 5 (2), 189-227.

O'Loughlin, K., & Wigglesworth, G. (2007). Investigating task design in academic writing prompts. In L. Taylor & P. Falvey (Eds.), *IELTS Collected Papers: Research in Speaking and Writing Performance* (pp. 379-432). Cambridge: Cambridge University Press.

O'Sullivan, B., & Rignall, M. (2007). Assessing the value of bias analysis feedback to raters for the IELTS writing module. In L. Taylor & P. Falvey (Eds.), *IELTS Collected Papers: Research in Speaking and Writing Assessment* (pp. 446-476). Cambridge: Cambridge University Press.

Ockey, G. J. (2014). Exploratory factor analysis and structural equation modeling. In A. J. Kunnan (Ed.), *The Companion to Language Assessment: Evaluation, Methodology, and Interdisciplinary Themes (Volume III)* (pp. 1124-1244). West Sussex, UK: Wiley Blackwell.

Ockey, G. J., & Choi, I. (2015). Structural equation modeling reporting practices for language assessment. *Language Assessment Quarterly,* 12 (3), 305-319.

Ohkubo, N. (2009). Validating the integrated writing task of the TOEFL internet-based test (iBT): Linguistic analysis of test takers' use of input material. *Melbourne Papers in Language Testing,* 14 (1), 1-31.

Ong, J., & Zhang, L. J. (2010). Effects of task complexity on the fluency and lexical complexity in EFL students' argumentative writing. *Journal of Second Language Writing,* 19 (4), 218-233.

Peugh, J. L., & Enders, C. K. (2005). Using the SPSS mixed procedure to fit cross-sectional and longitudinal multilevel models. *Educational and Psychological Measurement,* 65 (5), 717-741.

Peugh, J. L. (2010). A practical guide to multilevel modeling. *Journal of School Psychology,* 48 (1), 85-112.

Plakans, L. (2008). Comparing composing processes in writing-only and reading-to-write test tasks. *Assessing Writing,* 13, 79-150.

Plakans, L. (2009a). Discourse synthesis in integrated second language writing assessment. *Language Testing,* 26 (4), 561-587.

Plakans, L. (2009b). The role of reading strategies in integrated L2 writing tasks. *Journal of English for Academic Purposes,* 8 (4), 252-266.

Plakans, L. (2010). Independent vs. integrated writing tasks: A comparison of task representation. *TESOL Quarterly,* 44 (1), 185-194.

Plakans, L., & Gebril, A. (2012). A close investigation into source use in integrated second language writing tasks. *Assessing Writing,* 17 (1), 18-34.

Plakans, L., & Gebril, A. (2013). Using multiple texts in an integrated writing assessment: Source text use as a predictor of score. *Journal of Second Language Writing,* 22 (3), 217-230.

Plakans, L., & Gebril, A. (2017). Exploring the relationship of organization and connection with scores in integrated writing assessment. *Assessing Writing*, 31, 98-112.

Polio, C., & Glew, M. (1996). ESL writing assessment prompts: How students choose. *Journal of Second Language Writing,* 5 (1), 35-49.

Powers, D. E., & Fowles, M. E. (1998). *Test Taker's Judgments about GRE Writing Test Prompts GRE Board Research Report No. 94-13R.* Princeton, NJ: ETS.

Purves, A. C. (1992). Reflections on research and assessment in written composition. *Research in the Teaching of English,* 26 (1), 108-122.

Ramineni, C., & Williamson, D. M. (2013). Automated essay scoring: Psychometric guidelines. *Assessing Writing,* 18 (1), 25-39.

Ransdell, S., & Wengelin, A. (2003). Socioeconomic and sociolinguistic predictors of children's L2 and L1 writing quality. *Arobase,* 1-2, 22-29.

Rasch, G. (1960/1980). *Probabilistic Models for Some Intelligence and Attainment Tests.* Chicago, IL: The University of Chicago Press.

Read, J. (2000). *Assessing Vocabulary.* Cambridge: Cambridge University Press.

Reid, J. (1990). Responding to different topic types: A quantitative analysis from a contrastive rhetoric perspective. In B. Kroll (Ed.), *Second Language Writing: Research Insights for the Classroom* (pp. 211-230). Cambridge: Cambridge University Press.

Rea-Dickens, P. (1997). So, why do we need relationship with stakeholders in language testing? A view from the UK. *Language Testing,* 14 (3), 304-314.

Riazi, A. M. (2016). Comparing writing performance in TOEFL-iBT and academic assignments: An exploration of textual features. *Assessing Writing,* 28 (2), 15-27.

Robinson, P. (1995). Task complexity and second language narrative discourse. *Language Learning,* 45 (1), 99-140.

Robinson, P. (1996). Connecting tasks, cognition and syllabus design. In P. Robinson (Ed.), *Task Complexity and Second Language Syllabus Design: Data-based Studies and Speculations.* University of Queensland Working Papers in Applied Linguistics (Special Issue) (pp. 1-16). Brisbane: University of Queensland.

Robinson, P. (2001). Task complexity, task difficulty, and task production: Exploring interactions in a componential framework. *Applied Linguistics,* 22 (1), 27-57.

Ruegg, R., Fritz, E., & Holland, J. (2011). Rater sensitivity to qualities of lexis in writing. *TESOL Quarterly,* 45 (1), 63-80.

Ruiz-Funes, M. (1999). The process of reading-to-write used by a skilled Spanish-as-a-foreign-language student: A case study. *Foreign Language Annals,* 32 (1), 45-58.

Sakyi, A. A. (2000). Validation of holistic scoring for ESL writing assessment: How raters evaluate ESL compositions. In A. Kunnan (Ed.), *Fairness and Validation in Language Assessment* (pp. 129-152). Cambridge: Cambridge University Press.

Sanders, T. J. M., & Noordman, L. G. M. (2000). The role of coherence relations and their linguistic markers in text processing. *Discourse Processes,* 29 (1), 37-60.

Sarawagi, S. (2007). Information extraction. *Foundations and Trends in Databases,* 1 (3), 261-377.

Sawaki, Y., Quinlan, T., & Lee, Y. (2013). Understanding learner strengths and weaknesses: Assessing performance on an integrated writing task. *Language Assessment Quarterly,* 10 (1), 73-95.

Sawaki, Y., Stricker, L. J., & Oranje, A. H. (2009). Factor structure of the TOEFL internet-based test. *Language Testing,* 26 (1), 5-30.

Schaefer, E. (2008). Rater bias patterns in an EFL writing assessment. *Language Testing,* 25 (4), 465-493.

Schiefele, U. (1996). Topic interest, text representation, and quality of experience. *Contemporary Educational Psychology,* 21 (1), 3-18.

Shaw, S., & Weir, C. J. (2007). *Examining Writing: Research and Practice in Assessing Second Language Writing* (*Studies in Language Testing 26*). Cambridge: Cambridge University Press.

Shin, S., Slater, C. L., & Backhoff, E. (2012). Principal perceptions and student achievement in reading in Korea[1], Mexico, and the United States: Educational leadership, school autonomy, and use of test results. *Educational Administration Quarterly,* 49 (3), 489-527.

Shohamy, E. (1998). Critical language testing and beyond. *Studies in Educational Evaluation,* 24 (4), 331-345.

Shohamy, E. (2001). *The Power of Tests: A Critical Perspective on the Uses of Language Tests.* Harlow, UK: Pearson Education.

Sireci, S. G. (2007). On validity theory and test validation. *Educational Researcher,* 36 (8), 477-481.

Skehan, P. (1996). A framework for the implementation of task-based instruction. *Applied Linguistics,* 17 (1), 38-62.

Skehan, P. (1998). *A Cognitive Approach to Learning.* Oxford: Oxford University Press.

Skehan, P., & Foster, P. (1997). Task type and task processing conditions as influences on foreign language performance. *Language Teaching Research,* 1 (3), 185-211.

Skehan, P., & Foster, P. (1999). The influence of task structure and processing conditions on narrative retellings. *Language Learning,* 49 (1), 93-120.

Smith, W. L., Hull, G. A., Land, R. E., Moore, M. T., Ball, C., Durham, D. E., Hickey, L. S., & Ruzich, C. W. (1985). Some effects of varying the structure of a topic on college students' writing. *Written Communication,* 2 (1), 73-89.

Snijders, T. A. B., & Bosker, R. J. (1999). *Multilevel Analysis: An Introduction to Basic and Advanced Multilevel Modeling.* London: Sage.

---

1 此处是指 South Korea。

Spaan, M. (1993). The effect of prompt in essay examinations. In D. Douglas & C. Chapelle (Eds.), *A New Decade of Language Testing Research* (pp. 98-122). Alexandria, VA: TESOL.

Spence-Brown, R. (2001). The eye of the beholder: Authenticity in an embedded assessment task. *Language Testing,* 18 (4), 463-481.

Stansfield, C. W. (1993). Ethics, standards, and professionalism in language testing. *Issues in Applied Linguistics,* 4 (2), 189-206.

Stapa, M. (2001). Assessing ESL writing performance: The influence of background knowledge on writing performance. Paper presented at the Annual Meeting of Midwest Association of Language Testers (MwALT), Ann Arbor, MI.

Steiger, J. H. (1990). Structural model evaluation and modification: An interval estimation approach. *Multivariate Behavioral Research,* 25 (2), 173-180.

Stock, P. L., & Robinson, J. L. (1987). Taking on testing: Teachers as tester-researchers. *English Education,* 19 (2), 93-121.

Suzuki, Y. (2015). Self-assessment of Japanese as a second language: The role of experiences in the naturalistic acquisition. *Language Testing,* 32 (1), 63-81.

Tabachnick, B. G., & Fidell, L. S. (2007). *Using Multivariate Statistics* (5th edition). Boston: Pearson Education, Inc.

Taguchi, N., Crawford, W., & Wetzel, D. Z. (2013). What linguistic features are indicative of writing quality? A case of argumentative essays in a college composition program. *TESOL Quarterly,* 47 (2), 420-430.

Tedick, D. J. (1990). ESL writing assessment: Subject-matter knowledge and its impact on performance. *English for Specific Purposes,* 9 (2), 123-143.

Tomarken, A. J., & Waller, N. G. (2005). Structural equation modeling: Strengths, limitations, and misconceptions. *Annual Review of Clinical Psychology,* 1 (1), 31-65.

Toulmin, S. E. (1958). *The Uses of Argument*. Cambridge: Cambridge University Press.

Toulmin, S. E. (2003). *The Uses of Argument* (updated edition). Cambridge: Cambridge University Press.

Trace, J., Janssen, G., & Meier, V. (2017). Measuring the impact of rater negotiation in writing performance assessment. *Language Testing*, 34 (1), 3-22.

Tucker, L. R., & Lewis, C. (1973). A reliability coefficient for maximum likelihood analysis. *Psychometrika*, 38 (1), 1-10.

Upshur, J. A., & Turner, C. E. (1999). Systematic effects in the rating of second-language speaking ability: Test method and learner discourse. *Language Testing*, 16 (1), 82-111.

Vann, R. J., Lorenz, F. L., & Meyer, D. M. (1990). Error gravity: Faculty response to errors in the written discourse of nonnative speakers of English. In L. Hamp-Lyons (Ed.), *Assessing Second Language Writing in Academic Context* (pp. 181-195). Norwood, NJ: Ablex.

Wall, D., & Horák, T. (2008).The impact of changes in the TOEFL examination on teaching and learning in central and eastern Europe: Phrase 2, coping with change. *TOEFL-iBT Research Report RR-08-37*. Princeton, NJ: Educational Testing Service.

Watanabe, Y. (2001). *Read-to-write Tasks for the Assessment of Second Language Academic Writing Skills: Investigating Text Features and Rater Reactions*. Ph.D Dissertation. Manoa: University of Hawaii.

Wei, J., & Llosa, L. (2015). Investigating differences between American and Indian raters in assessing TOEFL iBT speaking tasks. *Language Assessment Quarterly,* 12 (3), 283-304.

Weigle, S. C. (1999). Investigating rater/prompt interactions in writing assessment: Quantitative and qualitative approaches. *Assessing Writing,* 6 (2), 145-178.

Weigle, S. C. (2002). *Assessing Writing*. Cambridge: Cambridge University Press.

Weigle, S. C. (2004). Integrating reading and writing in a competency test for non-native speakers of English. *Assessing Writing,* 9 (1), 27-55.

Weigle, S. C., & Parker, K. (2012). Source text borrowing in an integrated reading/writing assessment. *Journal of Second Language Writing,* 21 (2), 118-133.

Weigle, S. C. (1998). Using FACETS to model rater training effects. *Language Testing,* 15 (2), 263-287.

Weir, C. J. (2005). *Language Testing and Validation: An Evidence-based Approach*. New York: Palgrave MacMillan.

Weir, C. J., Vidaković, I., & Galaczi, E. D. (2013). *Measured Constructs: A History of Cambridge English Language Examinations 1913-2012*. Cambridge: Cambridge University Press.

Weston, R., & Gore, P. A. (2006). A brief guide to structural equation modeling. *The Counseling Psychologist,* 34 (5), 719-751.

Winke, P., & Lim, H. (2015). ESL essay raters' cognitive processes in applying the Jacobs et al. rubric: An eye-movement study. *Assessing Writing,* 25, 38-54.

Wiseman, C. S. (2012). Rater effects: Ego engagement in rater decision-making. *Assessing Writing,* 17 (3), 150-173.

Wolfe, E. W., Kao, C., & Ranney, M. (1998). Cognitive differences in proficient and non-proficient essay scorers. *Written Communication,* 15 (4), 465-492.

Wolfe, E. W., Song, T., & Jiao, H. (2016). Features of difficult-to-score essays. *Assessing Writing,* 27, 1-10

Wright, B. D., & Linacre, J. M. (1994). Reasonable mean-square fit values. *Measurement Transactions,* 8 (3), 370.

Wu, R. R. (2013). Native and non-native students' interaction with a text-based prompt. *Assessing Writing,* 18 (3), 202-217.

Xi, X. (2008). Methods of test validation. In E. Shohamy & N. Hornberger (Eds.), *Language Testing and Assessment: Encyclopedia of Language and Education (Volume 7)* (pp. 177-196). New York: Springer Science Business Media.

Xi, X. (2010). How do we go about investigating test fairness? *Language Testing,* 27 (2), 147-170.

Yang, H. (2014). Toward a model of strategies and summary writing performance. *Language Assessment Quarterly,* 11 (4), 403-431.

Yang, H. (2016). Describing and interpreting graphs: The relationships between undergraduate writer characteristics and academic graph writing performance. *Assessing Writing,* 28, 28-42.

Yang, H., & Plakans, L. (2012). Second language writers' strategy use and performance on an integrated reading-listening-writing Task. *TESOL Quarterly,* 46 (1), 80-103.

Yu, G. (2009a). Lexical diversity in writing and speaking task performances. *Applied Linguistics,* 31 (2), 236-259.

Yu, G. (2009b).The shifting sands in the effects of source text summarizability on summary writing. *Assessing Writing,* 14 (2), 116-137.

Yu, G. (2013). From integrative to integrated language assessment: Are we there yet? *Language Assessment Quarterly,* 10 (1), 110-114.

Yuan, K., & Bentler, P. M. (2009). A unified approach to multi-group structural equation modeling with nonstandard samples. In G. A. Marcoulides & R. E. Schumacker (Eds.), *New Developments and Techniques in Structural Equation Modeling* (pp. 57-88). Mahwah, NJ: Lawrence Erlbaum Associates, Inc., Publishers.

Zhang, J. (2016). Same text different processing? Exploring how raters' cognitive and meta-cognitive strategies influence rating accuracy in essay scoring. *Assessing Writing,* 27 (1), 37-53.

Zhang, L., Goh. C., & Kunnan, A. J. (2014). Analysis of test takers' metacognitive and cognitive strategy use and EFL reading test performance: A multi-sample SEM approach. *Language Assessment Quarterly,* 11 (1), 76-102.

Zhu, W., & Cole, E. L. (1996). Many-faceted Rasch calibration of a gross motor instrument. *Research Quarterly for Exercise and Sport,* 67(1), 24-34.

何莲珍，闵尚超.（2016）.计算机自适应语言测试模型设计与效度验证.杭州：浙江大学出版社.

何莲珍，张洁.（2008）.多层面Rasch模型下大学英语四、六级考试口语考试（CET-SET）信度研究.现代外语，31（4）：388-436.

侯杰泰，温忠麟，成子娟.（2004）.结构方程模型及其应用.北京：教育科学出版社.

李航.（2011）.基于概化理论和多层面Rasch模型的CET-6作文评分信度研究.外语与外语教学，260（5）：51-56.

李勤.（2013）.语言迁移视角下大学生英语写作中的介词研究.天津外国语大学学报，20（4）：56-61.

梁茂成.（2006）.学习者书面语语篇连贯性的研究.现代外语，29(3)：284-292.

王初明，亓鲁霞.（2013）.读后续写题型研究.外语教学与研究，45（5）：707-718.

王济川，郭志刚.（2001）.Logistic回归模型——方法与应用.北京：高等教育出版社.

吴明隆.（2009）.结构方程模型——AMOS的操作与应用.重庆：重庆大学出版社.

张雷，雷雳，郭伯良.（2003）.多层线性模型应用.北京：教育科学出版社.

附录

附录1 "外研社杯"全国英语写作大赛简介

"外研社杯"全国英语写作大赛
"FLTRP Cup" English Writing Contest

大赛介绍

"'外研社杯'全国英语演讲大赛"与"'外研社杯'全国英语写作大赛"是由外语教学与研究出版社联合教育部高等学校大学外语教学指导委员会和教育部高等学校英语专业教学指导分委员会共同举办、面向全国高校在校大学生的公益赛事。

"'外研社杯'全国英语演讲大赛"于2002年创办,在国内外广受关注,已成为全国参赛人数最多、规模最大、水平最高的英语演讲赛事;"'外研社杯'全国英语写作大赛"于2012年启动,旨在推动英语写作教学,提高学生英语写作水平,引领高校外语教学的改革与发展。两项大赛以高远的立意和创新的理念,汇聚全国优秀学子,竞技英语表达与沟通艺术。同一赛场,两个舞台,既各具特色,又互促互进,为全国大学生提供展示外语能力、沟通能力与思辨能力的综合平台。

英语演讲与写作能力是国家未来发展对高端人才的基本要求,也是高端人才外语能力、思辨能力、交际能力、创新能力和国际竞争力的综合体现。两项大赛的设置,将以演讲和写作两大能力的提高为"驱动力",全面提升学生的外语综合应用能力。赛题将以国际化人才要求为标准,融入思辨性、拓展性和创造性等关键要素,增强学生的跨文化交际意识,开拓其国际视野,提升其国际素养。

"'外研社杯'全国英语演讲大赛"与"'外研社杯'全国英语写作大赛"覆盖面广,选手代表性强;比赛遵循国际规则,赛程科学,赛制严谨，程序规范；评委专业，评判严格，保证公开、公平、公正；奖项设置合理，师生共赢，奖励丰厚。

参赛资格

全国具有高等学历教育招生资格的普通高等学校在校本、专科学生、研究生（不包括在职研究生），35岁以下，中国国籍。曾获得往届"'外研社杯'全国英语写作大赛"出国及港澳交流奖项的选手不包括在内。

参赛方式

初赛：符合参赛资格的高校学生可直接向本校外语院（系）或大学外语教学部咨询、报名和参加初赛。

复赛：初赛结束后，举办初赛的外语院（系）或大学外语教学部向本省（市、自治区）大学外语教学研究会报名参加复赛。每校参赛人数由本省（市、自治区）大学外语教学研究会确定并公布。

决赛：复赛结束后，各省（市、自治区）大学外语教学研究会将获得决赛资格的3名选手向大赛组委会秘书处报名参加全国决赛。

复赛（以2014年为例）

组织方式：以省（市、自治区）为单位，由各省（市、自治区）大学外语教学研究会组织成立复赛组委会，负责确定承办院校、组织实施复赛、安排参赛作品评阅等工作。要求复赛承办院校提供能设置局域网的机房，有一台服务器，并有能满足参赛人数的电脑。

参赛资格：各初赛赛点的特等奖获奖选手进入复赛。复赛组委会至少提前两周将复赛通知发给本省（市、自治区）所有符合参赛资格的院校，并预先公布复赛名单。

比赛时间：大赛指定复赛日期为2014年10月18日、10月25日、11月1日，时间均为9:00—11:00。同一时间比赛的省（市、自治区）采用相同赛题。各省（市、自治区）大学外语教学研究会须在9月30日前确定复赛时间与承办院校，发布复赛通知，同时报送大赛组委会。

比赛题目：由组委会拟定，由专人送到复赛地点，比赛开始时当场公布。比赛题目在比赛前严格保密。复赛赛题为议论文写作1篇、说明文写作1篇，每篇长度为500词左右，写作时间共两小时。

比赛方式：现场写作，使用大赛专用写作评阅系统进行操作。比赛不允许携带电子设备，不允许使用网络。

评委组成：评委人数不少于5人（须包含外籍评委），中国籍评委须具有副教授以上职称，有英语写作教学经验。每所学校（含复赛承办学校）只能有一人担任评委。

评分方式：写作系统评阅、人工评阅。两篇作文分数相加得出每位选手总分。须于比赛当日将所有复赛作品（电子版）提交大赛组委会，并于比赛结束两日内将复赛成绩单和入围决赛的选手名单提交组委会。组委会将对复赛成绩进行复核，并在大赛官方网站公布决赛选手名单。

评分标准：评分标准须规范、公平、公正，可参考决赛评分标准。比赛前应召开评委会，讨论并贯彻评分标准。复赛组委会应保存原始评分记录，并接受选手和指导教师的查询。比赛后建议以适当方式安排评委点评，以给予参赛选手与指导教师一定的参赛反馈。

奖项设置：复赛设置特等奖和一、二、三等奖，其中特等奖3名。特等奖获奖选手代表本省参加决赛。所有获奖选手都将获得由大赛组委会颁发的获奖证书及奖品。获奖选手的指导教师相应获得指导教师特等奖和指导教师一、二、三等奖。

赛场布置：组委会秘书处将提供统一宣传海报模板，承办单位也可自行设计，但必须包含大赛名称（"'外研社杯'全国英语写作大赛"）和主办单位名称。复赛组委会可根据需要将复赛改称为省（市、自治区）级决赛。

（来源：http://writing.unipus.cn/2014/about/399808.shtml）

附录 2　综合写作评分标准

"外研社杯"全国英语写作大赛省级复赛议论文写作评分标准

比赛内容： 选手完成一篇议论文写作（500 词左右）。侧重考查选手的文献阅读理解、信息综合处理、判断分析、逻辑思辨、评价论述等能力，展示选手的知识广度、视野维度、思想深度等综合素质。

评分标准（总分 100 分）

Content/Ideas (40%)

Writing effectively addresses the topic and the task;

Writing presents an insightful position on the issue;

The position is strongly and substantially supported or argued.

Organization/Development (30%)

Writing is well-organized and well-developed, using appropriate rhetorical devices (e.g. exemplifications, classification, analysis, comparison/contrast, etc.) to support the thesis or to illustrate ideas;

Writing displays coherence, progression, consistency and unity;

Textual elements are well-connected through explicit logical and/or linguistic transitions.

Language (30%)

Spelling is accurate;

Writing displays consistent facility in use of language;

Writing demonstrates appropriate register, syntactic variety, and effective use of vocabulary.

（来源：http://writing.unipus.cn/2014/about/399808.shtml）

附录 3　综合写作任务样题

综合写作任务（即议论文写作）样题 1

Write a passage in response to the report below. You should discuss the extent to which you agree or disagree with the report and explain your reasons for the position you take. In developing and supporting your position, you should consider ways in which the report's opinion might or might not hold true and explain how these considerations shape your position. You should write about 800 words.

Newsweek, the venerable weekly publication that will be remembered for its decades-long efforts for a spot on consumers' coffee tables, has shut down its print edition at the end of 2012, but it lives on in a new digital tablet edition known as *Newsweek Global*. As Tina Brown, the *Newsweek* editor, said, this tablet edition will target a "new highly mobile, opinion-leading audience who want to learn about world events in a sophisticated context."

The move should not shock. The publication has faced major financial problems in recent years. The numbers tell the tale: *Newsweek*'s circulation has fallen in the number of subscribers from 3 million to 1.5 million in the last decade; annual losses were thought to be $40 million. More broadly, the company faces a more existential problem in that a "weekly news" magazine has become an anachronism in the digital world.

Newsweek is not the only one that has to tackle the challenge in the digital time; other outlets will continue to change their business models for a digital future. With the "imminent death" of print, digital formats come out as an inevitable development that could turn the industry's fortune around.

综合写作任务（即议论文写作）样题 2

Read the following two paragraphs with contradicting views, and write a passage on the issue. You should clearly state your opinion and explain the reasons for your opinion. You should write about 800 words.

Tablets are the ideal system of organization in schools. They are convenient, in which much information is stored in small sizes and kept together in one place, and cheap, as digital information is now becoming more affordable than print. As evolution continues to rock the modern world, digital devices will become more and more reliable. Someday, they will entirely replace print books, and hopefully, that day will come soon.

Many may argue that tablets are much more convenient than paper books. But not everyone shares this preference of tablets or finds them convenient. In fact, in a study conducted by Book Industry Study Group (BISG), it was found that 75% of college students preferred traditional textbooks in which they can highlight the key words and write notes. Also, some may suggest that it is cheaper to invest in tablets than textbooks. In fact, in a 2008 study of public schools in Kentucky it was estimated that the cost of textbooks and supplies totaled around $44 million. The cost per school was around $988 for textbooks and supplies. That is roughly the cost of only two tablets. To provide tablets to all the students in a school would be an enormous sum. Therefore, we may conclude that while tablets have their purposes, they should not replace the printed books used in schools.

附录 4　考生问卷调查

"外研社杯"全国英语写作大赛复赛考生问卷调查

各位参赛选手：您好！

非常感谢您能抽空填写此问卷！我们进行此项研究，旨在调研"外研社杯"全国英语写作大赛的相关情况。您提供的信息对我们的研究非常重要，您的所有信息都将匿名处理并绝对保密，再次感谢您的合作与帮助！

第一部分 基本信息（请填写答案或在选项前打勾）

1.1 您的姓名：_____　　1.2 性别：男 / 女

1.3 年龄（周岁）：_____

1.4 您目前所处年级是：① 大一　② 大二　③ 大三　④ 大四　⑤ 其他_____

1.5 您所在的赛区：_____

1.6 您所学的专业：_____

1.7 您学习英语的时间：_____年

1.8 您的电子邮箱：_____

1.9 您参加"外研社杯"全国英语写作大赛的复赛的次数：
① 一次　② 两次

第二部分　2014 年省级复赛议论文写作题的调研（请填写或在相应选项上打勾）

2.1 您在两小时（120 分钟）的写作时间内，用于议论文写作的时间大约是：_____分钟；

用于议论文审题和阅读材料的时间大约是：_____分钟。

2.2 您对复赛议论文写作题的看法

2.2.0 您认为本次写作题的**总体难易程度**如何?

（a）非常难　　　　（b）难　　　　　　（c）适中

（d）容易　　　　　（e）非常容易

2.2.1 您对这种先读后写的写作**题型**的**熟悉度**如何?

（a）非常熟悉　　　（b）熟悉　　　　　（c）无法确定

（d）不熟悉　　　　（e）非常不熟悉

2.2.2 您认为该写作题的**题目指令**是否清晰易懂?

（a）非常清楚　　　（b）清楚　　　　　（c）无法确定

（d）不清楚　　　　（e）非常不清楚

2.2.3 您觉得该写作题中**阅读材料**的**难易程度**如何?

（a）非常难　　　　（b）难　　　　　　（c）适中

（d）容易　　　　　（e）非常容易

2.2.4 您在审读阅读材料时，是否需要**联想**到**其他相关知识**来帮助理解?

（a）非常需要　　　（b）需要　　　　　（c）无法确定

（d）不需要　　　　（e）完全不需要

2.2.5 您对该阅读材料所涉及的内容的**熟悉度**如何?

（a）非常熟悉　　　（b）熟悉　　　　　（c）无法确定

（d）不熟悉　　　　（e）非常不熟悉

2.2.6 您是否**赞同**阅读材料中提出的**观点**?

（a）非常赞同　　　（b）赞同　　　　　（c）无法确定

（d）不赞同　　　　（e）完全不赞同

2.2.7 您对这个写作话题是否**感兴趣**?

（a）非常感兴趣　　（b）感兴趣　　　　（c）无法确定

（d）不感兴趣　　　（e）完全不感兴趣

2.2.8 您对这个写作话题的**表达欲望**如何?（即"有话可说"）

（a）非常强　　　　（b）强　　　　　　（c）无法确定

（d）弱　　　　　　（e）非常弱

2.2.9 您认为所提供的**阅读材料**对您的写作是否**有帮助**？
（a）有　　　　　（b）有一点　　　　（c）无法确定
（d）基本没有　　（e）完全没有

2.3 以下罗列了一些考生对写好<u>先读后写式议论文</u>的看法，您同意吗？

（注：5 表示"完全同意"；4 表示"同意"；3 表示"无法确定"；
　　　 2 表示"不同意"；1 表示"完全不同意"）

您在写作议论文时，关注的是：	完全同意 → 完全不同意
1. 内容要符合题意	5　4　3　2　1
2. 观点表述要明确	5　4　3　2　1
3. 要有充分的论据来支持观点	5　4　3　2　1
4. 文章结构要清晰	5　4　3　2　1
5. 要运用恰当的论证手段（如对比/举例）	5　4　3　2　1
6. 文章要连贯通顺	5　4　3　2　1
7. 文章长度要符合要求	5　4　3　2　1
8. 句子间的逻辑关系要清晰	5　4　3　2　1
9. 要用多样化的句式	5　4　3　2　1
10. 要用复杂的句式	5　4　3　2　1
11. 语法要正确	5　4　3　2　1
12. 用词要恰当、贴切	5　4　3　2　1
13. 词汇要丰富多样	5　4　3　2　1
14. 单词拼写要正确	5　4　3　2　1
15. 行文语气要得体、客观	5　4　3　2　1

16. 应避免标点符号错误	5	4	3	2	1
17. 应避免摘抄阅读材料	5	4	3	2	1

附录 5 评分员问卷调查

"外研社杯"全国英语写作大赛复赛阅卷员问卷

各位阅卷老师：您好！

非常感谢您能抽空填写此问卷！我们进行此项研究，旨在提高"外研社杯"全国英语写作大赛的命题和评分质量，进而保证大赛的公平公正。您提供的信息对我们的研究非常重要，您的所有信息都将匿名处理并绝对保密，再次感谢您的合作与帮助！

第一部分 基本信息（请填写答案或在选项前打勾）

1.1 性别：男 / 女　　　1.2 您所在的赛区：_____

1.3 您全职从事英语教学的时间：_____年

1.4 您的电子邮箱：_____

1.5 您是否参加过以下大规模英语考试写作题的评阅工作：

		次数
大学英语四级（CET-4）作文阅卷	是 / 否	
大学英语六级（CET-6）作文阅卷	是 / 否	
专业英语四级（TEM-4）作文阅卷	是 / 否	
专业英语八级（TEM-8）作文阅卷	是 / 否	

1.6 您参加"外研社杯"全国英语写作大赛的复赛的评阅工作的次数：

①一次　　　　②两次　　　　③两次以上

第二部分　2014 年省级复赛议论文写作题的调研（请在相应选项上打勾）

2.1 您认为本次写作题的**总体难易程度**如何？

（a）非常难　　　　（b）难　　　　　　（c）适中

（d）容易　　　　　（e）非常容易

2.2 您觉得该写作题中**阅读材料**的**难易程度**如何?
（a）非常难　　　　　（b）难　　　　　　（c）适中
（d）容易　　　　　　（e）非常容易
2.3 您本人对该写作题中**阅读材料**的**熟悉度**如何?
（a）非常熟悉　　　　（b）熟悉　　　　　（c）无法确定
（d）不熟悉　　　　　（e）非常不熟悉
2.4 您认为该写作题的**题目指令**是否清晰易懂?
（a）非常清楚　　　　（b）清楚　　　　　（c）无法确定
（d）不清楚　　　　　（e）非常不清楚
2.5 您本人对这个**话题内容**是否感兴趣?
（a）非常感兴趣　　　（b）感兴趣　　　　（c）无法确定
（d）不感兴趣　　　　（e）非常不感兴趣
2.6 您认为所提供的**阅读材料**对考生的写作是否**有帮助**?
（a）有　　　　　　　（b）有一点　　　　（c）无法确定
（d）基本没有　　　　（e）完全没有
2.7 以下罗列了一些阅卷员评判复赛作文题的标准,您同意吗?
（注：5表示"完全同意"；4表示"同意"；3表示"无法确定"；
　　2表示"不同意"；1表示"完全不同意"）

您在评阅议论文时,关注的是：	完全同意 → 完全不同意
1. 内容符合题意	5　4　3　2　1
2. 观点表述明确	5　4　3　2　1
3. 有充分的论据来支持观点	5　4　3　2　1
4. 文章结构清晰	5　4　3　2　1
5. 运用恰当的论证手段（如对比/举例）	5　4　3　2　1

6. 文章连贯通顺	5	4	3	2	1
7. 文章长度符合要求	5	4	3	2	1
8. 句子间的逻辑关系清晰	5	4	3	2	1
9. 使用多样化的句式	5	4	3	2	1
10. 使用复杂的句式	5	4	3	2	1
11. 语法正确	5	4	3	2	1
12. 用词恰当、贴切	5	4	3	2	1
13. 词汇丰富多样	5	4	3	2	1
14. 单词拼写正确	5	4	3	2	1
15. 行文语气客观、得体	5	4	3	2	1
16. 使用恰当的语域	5	4	3	2	1
17. 没有标点符号错误	5	4	3	2	1
18. 没有摘抄阅读材料	5	4	3	2	1
19. 正确引用阅读材料	5	4	3	2	1

Questionnaire for the Raters of "FLTRP Cup" English Writing Contest

The aim of this research project is to improve the test design and scoring procedure of the national English Writing Contest, and to ensure its validity and fairness. All the information you provide here will be processed anonymously and kept strictly confidential. Thank you very much for your help!

Part I: Your personal background

Please fill in the relevant information or circle the appropriate option:

1.1 Years of full-time teaching experience: _____

1.2 The number of times you have been involved in the scoring of the national English Writing Contest:

    (a) once   (b) twice   (c) more than twice

1.3 Your email address: _____

Part II: Your views about the reading text(s) in the reading-to-write tasks (Argumentative writing)

The argumentative writing tasks are the reading-to-write/integrated tasks, and we are interested in knowing what you think about it.

Please answer the following questions regarding the task that you have just read.

2.1 Overall, what do you think of the **difficulty level** of the writing task of 2014?

    (a) very difficult   (b) difficult   (c) moderate

    (d) easy   (e) very easy

2.2 How **difficult** is it to understand the **ideas** in the reading text(s)?

(a) very difficult　　(b) difficult　　(c) moderate

(d) easy　　(e) very easy

2.3 Are you **familiar** with the reading material?

(a) very familiar　　(b) familiar　　(c) moderate

(d) unfamiliar　　(e) very unfamiliar

2.4 Do you agree that the directions of this writing task are **clear and easy to understand**?

(a) strongly agree　　(b) agree　　(c) not sure

(d) disagree　　(e) strongly disagree

2.5 Are you **interested** in the topic of this writing task?

(a) very interested　　(b) interested　　(c) not sure

(d) uninterested　　(e) not interested at all

2.6 Do you agree that the reading text(s) **help** the test-takers to write more and better?

(a) strongly agree　　(b) agree　　(c) not sure

(d) disagree　　(e) strongly disagree

2.7 The items below list various features of a good piece of the **reading-to-write argumentative writing**. Based on your understanding of the rating criteria of argumentative writing of English Writing Contest, **to what extent do you agree with each of the following statements regarding your focus while rating**? Please circle your judgement on the scale below.

5= strongly agree, 4= agree, 3= not sure, 2= disagree, 1= strongly disagree

Strongly agree ⟶ **Strongly disagree**

1. The writing effectively addresses the topic and the task.

| 5 | 4 | 3 | 2 | 1 |

2. The writing presents an insightful position on the issue. | 5 | 4 | 3 | 2 | 1 |

3. The position is supported/argued strongly and substantially. | 5 | 4 | 3 | 2 | 1 |

4. The writing is well-organized. | 5 | 4 | 3 | 2 | 1 |

5. Appropriate rhetorical devices (e.g., contrast/exemplification) are used. | 5 | 4 | 3 | 2 | 1 |

6. The writing displays coherence with appropriate cohesive devices. | 5 | 4 | 3 | 2 | 1 |

7. The writing meets the requirement on length. | 5 | 4 | 3 | 2 | 1 |

8. The writing displays explicit logical transitions. | 5 | 4 | 3 | 2 | 1 |

9. A variety of sentence structures are used in the writing. | 5 | 4 | 3 | 2 | 1 |

10. The writing shows effective use of complex sentences. | 5 | 4 | 3 | 2 | 1 |

11. The writing is grammatically correct. | 5 | 4 | 3 | 2 | 1 |

12. The writing demonstrates appropriate word choice. | 5 | 4 | 3 | 2 | 1 |

13. A wide range of vocabulary is used in the writing. | 5 | 4 | 3 | 2 | 1 |

14. The writing is free from spelling errors. | 5 | 4 | 3 | 2 | 1 |

15. The writing employs appropriate tone. | 5 | 4 | 3 | 2 | 1 |

16. The writing uses appropriate register. | 5 | 4 | 3 | 2 | 1 |

17. The writing is free from punctuation errors. | 5 | 4 | 3 | 2 | 1 |

18. There is no direct copying of phrases or sentences from the reading text(s). | 5 | 4 | 3 | 2 | 1 |

19. The writing displays effective use of the reading text(s). | 5 | 4 | 3 | 2 | 1 |

附录6 各地区评分员与考生显著偏差交互统计

多层面 Rasch 模型下评分员与考生的显著偏差交互统计结果

地区	评分员	考生	观察值-预测值的均差	偏差(logits)	模型标准误	z分数	加权均方拟合值	df值	卡方值
海南	R3	2	.59	2.50	1.24	2.01	.5	99	140.4**
	R3	24	1.52	2.18	.66	3.27	.3		
	R2	26	1.37	1.89	.74	2.55	.5		
	R3	27	1.30	1.87	.66	2.84	.7		
	R3	32	1.25	1.78	.66	2.71	1.4		
	R2	2	-1.04	-1.41	.66	-2.15	.6		
	R3	10	-1.03	-1.62	.79	-2.04	.1		
	R1	18	-1.23	-1.79	.66	-2.74	.3		
	R3	26	-1.12	-1.95	.83	-2.36	.8		
	R2	24	-1.29	-2.86	1.11	-2.57	.8		
浙江	---	---	---	---	---	---	---	334	44.8
广东	R2	34	1.92	2.89	.92	3.13	.6	249	330.9**
	R1	83	.75	2.57	.96	2.68	.8		
	R1	77	.96	2.50	.93	2.69	.5		
	R2	33	1.46	2.32	.92	2.51	.5		
	R1	64	.86	2.12	.82	2.59	.5		
	R2	16	1.43	2.09	.85	2.45	1.0		
	R1	78	.81	2.05	.94	2.18	.3		
	R1	82	.92	2.01	.74	2.72	.2		
	R3	48	1.34	1.71	.68	2.52	.4		
	R1	46	.98	1.65	.67	2.47	.3		
	R1	37	.94	1.57	.67	2.35	.3		
	R3	17	-1.17	-1.66	.78	-2.14	.4		
	R3	16	-1.31	-1.82	.78	-2.34	.4		
	R2	60	-1.27	-2.04	.86	-2.37	2.2		
	R2	65	-.82	-2.10	.91	-2.30	2.5		

(待续)

（续表）

地区	评分员	考生	观察值-预测值的均差	偏差(logits)	模型标准误	z分数	加权均方拟合值	df值	卡方值
	R1	12	-.85	-2.18	.91	-2.39	.5		
	R1	9	-1.11	-2.21	.93	-2.36	.0		
	R2	78	-.94	-2.38	.93	-2.56	1.3		
	R2	48	-1.13	-2.43	.94	-2.58	1.2		
	R2	77	-1.10	-2.95	1.06	-2.80	.6		
	R3	34	-1.18	-3.34	.94	-3.55	1.2		
河北	R1	43	1.15	2.21	.83	2.65	.5	270	296.3
	R3	67	1.13	2.10	.79	2.64	1.4		
	R2	21	.97	2.05	.90	2.27	.0		
	R2	78	1.05	2.00	.80	2.51	.0		
	R1	114	.93	1.77	.82	2.17	.5		
	R1	26	.93	1.76	.81	2.18	1.1		
	R3	116	.87	1.64	.81	2.04	.8		
	R3	89	.86	1.63	.81	2.02	.7		
	R1	113	-.83	-1.30	.61	-2.12	.2		
	R2	67	-1.13	-1.40	.52	-2.70	.4		
	R3	78	-1.05	-1.42	.54	-2.63	.4		
	R1	48	-.82	-1.55	.75	-2.06	1.1		
	R1	89	-.85	-1.61	.75	-2.14	.5		
	R2	116	-.86	-1.65	.78	-2.11	.4		
	R2	26	-.92	-1.74	.75	-2.32	.3		
	R2	114	-.92	-1.76	.78	-2.25	.4		
	R3	21	-.97	-1.84	.80	-2.30	.8		
	R3	43	-1.14	-2.03	.66	-3.08	2.1		
湖南	R1	81	.98	2.89	.96	3.02	.8	164	223.2**
	R1	10	.99	2.86	1.06	2.70	.9		
	R3	58	.93	2.69	.96	2.82	.7		
	R1	25	.74	2.10	1.01	2.08	.6		

（待续）

(续表)

地区	评分员	考生	观察值-预测值的均差	偏差(logits)	模型标准误	z分数	加权均方拟合值	df值	卡方值
	R1	44	.74	2.08	.96	2.15	.3		
	R2	36	.72	2.00	.98	2.05	.0		
	R3	40	.68	1.99	.96	2.07	.7		
	R1	36	-.71	-1.98	.97	-2.03	.6		
	R3	25	-.74	-2.15	1.00	-2.15	.4		
	R3	44	-.74	-2.19	1.00	-2.20	.7		
	R1	58	-.93	-2.87	1.06	-2.72	1.3		
	R3	10	-.99	-2.90	.98	-2.95	.7		
	R3	81	-.99	-3.20	1.10	-2.93	.9		
吉林	R3	27	1.60	2.86	.80	3.55	.3	126	174.2**
	R2	19	.89	2.43	1.16	2.09	.0		
	R1	39	1.24	2.18	.80	2.71	.3		
	R1	34	1.06	1.86	.80	2.32	.9		
	R3	3	.96	1.82	.90	2.03	.6		
	R3	62	.94	1.70	.75	2.26	.4		
	R3	15	.97	1.69	.80	2.11	.3		
	R1	3	-.95	-1.66	.76	-2.18	.2		
	R1	15	-.96	-1.67	.79	-2.12	.8		
	R1	62	-.94	-1.91	.92	-2.08	.4		
	R3	34	-1.06	-2.78	1.04	-2.69	.8		
	R2	39	-1.24	-2.93	.99	-2.95	.6		
	R2	27	-1.59	-3.78	1.04	-3.65	.8		
辽宁	R4	49	1.51	3.14	1.11	2.84	.0	256	374.0**
	R3	3	1.42	2.70	1.02	2.66	.4		
	R7	57	1.60	2.61	.75	3.50	.3		
	R3	77	1.51	2.48	.72	3.44	1.5		
	R1	1	1.14	2.27	1.02	2.23	.4		
	R5	6	1.07	2.16	1.02	2.13	1.4		

(待续)

(续表)

地区	评分员	考生	观察值－预测值的均差	偏差(logits)	模型标准误	z分数	加权均方拟合值	df值	卡方值
	R3	35	1.17	2.10	.92	2.27	.6		
	R5	4	1.01	2.06	1.02	2.03	.5		
	R3	73	.91	1.47	.72	2.05	.3		
	R4	7	-.91	-1.49	.75	-2.00	.5		
	R4	73	-.91	-1.51	.74	-2.04	.2		
	R4	59	-.91	-1.51	.73	-2.06	.4		
	R6	27	-.92	-1.53	.75	-2.05	1.9		
	R6	4	-1.00	-1.60	.75	-2.15	.8		
	R4	6	-1.06	-1.76	.75	-2.36	.3		
	R2	1	-1.15	-1.89	.73	-2.59	1.2		
	R1	35	-1.16	-1.96	.72	-2.71	.7		
	R4	3	-1.41	-2.30	.75	-3.08	.2		
	R3	49	-1.50	-2.47	.74	-3.34	.9		
	R1	77	-1.51	-2.49	.73	-3.41	.5		
	R6	57	-1.61	-3.00	1.06	-2.82	.7		
内蒙古	R2	11	1.83	3.35	1.08	3.11	.9	123	257.5**
	R4	19	2.04	2.80	1.00	2.80	.0		
	R3	22	1.19	2.66	1.08	2.46	.7		
	R1	21	1.49	2.22	1.00	2.22	.0		
	R2	9	1.12	2.19	1.07	2.06	.4		
	R4	39	1.77	1.96	.71	2.76	.4		
	R3	16	1.58	1.88	.78	2.40	.4		
	R3	37	1.47	1.66	.71	2.34	.4		
	R1	23	1.29	1.20	.59	2.02	.3		
	R4	6	-1.08	-.96	.46	-2.09	.1		
	R4	30	-1.88	-1.14	.37	-3.11	.0		
	R2	22	-1.52	-1.16	.40	-2.92	.1		
	R4	16	-1.92	-1.17	.37	-3.21	.0		

（待续）

（续表）

地区	评分员	考生	观察值-预测值的均差	偏差(logits)	模型标准误	z分数	加权均方拟合值	df值	卡方值
	R1	10	-1.05	-1.24	.59	-2.09	.2		
	R2	8	-1.31	-1.31	.51	-2.55	1.2		
	R3	13	-1.21	-1.34	.59	-2.27	.1		
	R4	7	-1.18	-1.37	.59	-2.30	.2		
	R4	14	-1.71	-1.54	.43	-3.55	.0		
	R1	9	-1.35	-1.55	.59	-2.61	.1		
	R3	11	-1.40	-1.55	.58	-2.66	.0		
	R1	12	-1.50	-1.58	.54	-2.91	.2		
	R3	4	-1.67	-1.98	.58	-3.38	.0		
山东	R1	4	1.24	4.47	1.20	3.74	1.2	280	369.7**
	R1	14	.89	3.33	1.18	2.82	.7		
	R1	46	1.00	3.26	1.21	2.68	.5		
	R1	50	1.26	3.05	1.12	2.72	.6		
	R4	24	.70	2.83	1.18	2.40	.7		
	R2	30	.95	2.76	1.22	2.27	1.3		
	R4	68	.78	2.76	1.21	2.27	.6		
	R2	40	.72	2.61	1.21	2.15	.6		
	R3	28	1.18	2.55	.93	2.74	.7		
	R2	48	.68	2.51	1.21	2.06	.5		
	R1	45	1.00	2.30	1.01	2.27	.7		
	R3	58	.88	1.88	.83	2.26	.0		
	R4	41	-.75	-1.88	.83	-2.26	.7		
	R2	4	-.90	-1.92	.84	-2.30	.6		
	R1	40	-.98	-2.05	.86	-2.40	1.3		
	R2	37	-.98	-2.07	.86	-2.42	.6		
	R2	50	-.90	-2.08	.98	-2.12	.3		
	R4	65	-.74	-2.13	.85	-2.50	.3		
	R3	15	-1.07	-2.27	.89	-2.56	.3		

（待续）

（续表）

地区	评分员	考生	观察值-预测值的均差	偏差(logits)	模型标准误	z分数	加权均方拟合值	df值	卡方值
	R3	63	-.86	-2.40	1.13	-2.14	.8		
	R1	59	-.90	-2.48	1.13	-2.21	.8		
	R1	58	-.94	-2.58	1.13	-2.29	.8		
	R4	1	-.60	-2.59	1.12	-2.30	.6		
	R1	68	-.98	-2.67	1.13	-2.37	1.1		
	R4	6	-.85	-2.94	.88	-3.34	.5		
北京	R2	20	1.18	2.37	.92	2.59	.5	194	255.3**
	R2	7	.94	2.28	1.04	2.20	.9		
	R3	62	1.14	2.03	.82	2.47	.3		
	R1	23	.94	1.96	.92	2.14	.2		
	R2	26	.96	1.69	.80	2.11	.3		
	R2	31	.96	1.68	.78	2.15	.2		
	R2	29	.88	1.53	.76	2.00	.2		
	R2	23	-.93	-1.64	.79	-2.07	.4		
	R2	75	-.83	-1.66	.79	-2.11	.5		
	R3	31	-.96	-1.67	.78	-2.15	.4		
	R3	26	-.96	-1.67	.77	-2.19	.5		
	R1	6	-.85	-1.71	.83	-2.08	.9		
	R3	7	-.94	-2.03	.78	-2.61	.6		
	R3	20	-1.17	-2.16	.76	-2.85	1.3		
	R1	62	-1.13	-2.24	.76	-2.94	1.2		

注：偏差部分的正值表示"严厉"，负值表示"宽松"。

** $p<0.001$。